U0948458

民族地区
发展现代农业路径探索
——以凉山彝族自治州为例

Minzu Diqu Fazhan
Xiandai Nongye Lujing Tansuo
Yi Liangshan Yizu Zizhizhou Weili

主编 谢以纲

西南财经大学出版社
（成都）

图书在版编目(CIP)数据

民族地区发展现代农业路径探索:以凉山彝族自治州为例/谢以纲主编.—成都:西南财经大学出版社,2014.9
ISBN 978-7-5504-1583-6

Ⅰ.①民… Ⅱ.①谢… Ⅲ.①民族地区—现代农业—农业发展—研究—凉山彝族自治州 Ⅳ.①F327.712

中国版本图书馆 CIP 数据核字(2014)第 207890 号

民族地区发展现代农业路径探索
——以凉山彝族自治州为例

主编 谢以纲

责任编辑:杨 琳
封面设计:杨红鹰
责任印制:封俊川

出版发行	西南财经大学出版社(四川省成都市光华村街 55 号)
网 址	http://www.bookcj.com
电子邮件	bookcj@foxmail.com
邮政编码	610074
电 话	028-87353785 87352368
照 排	四川胜翔数码印务设计有限公司
印 刷	四川森林印务有限责任公司
成品尺寸	148mm×210mm 1/32
印 张	4.875
字 数	120 千字
版 次	2014 年 9 月第 1 版
印 次	2014 年 9 月第 1 次印刷
书 号	ISBN 978-7-5504-1583-6
定 价	35.00 元

目　录

第一章　现代农业的相关内容及发展现代农业的重大意义

一、现代农业的相关基础理论

（一）现代农业的概念

现代农业（Modern Agriculture）是针对传统农业而言的。现代农业是指运用现代的科学技术和生产管理方法，对农业进行规模化、集约化、市场化和农场化的生产活动。现代农业是以市场经济为导向、以利益机制为联结、以企业发展为龙头的农业，是实行企业化管理、产销一体化经营的农业。在按农业生产力性质和水平划分的农业发展阶段中，它属于农业的最新发展阶段。从发达国家的传统农业向现代农业转变的过程看，实现农业现代化的过程包括两方面的内容：一是农业生产的物质条件和技术的现代化，即利用先进的科学技术和生产要素装备农业，实现农业生产机械化、电气化、信息化、生物化和化学化；二是农业组织管理的现代化，即实现农业生产专业化、社会化、区域化和企业化。

（二）现代农业的特征

1. 生产过程机械化

生产过程机械化，是指运用先进设备代替人力的手工劳动，在产前、产中、产后各环节大面积采用机械化作业，从而降低劳动的体力强度，提高劳动效率。所谓全过程机械化，应包括选种、育秧、耕地、播种、施肥、除草、灌溉、收割、脱粒、烘干、仓储、加工、包装、运输等从种植到餐桌所有环节都实现机械操作。机械化不等于现代化，但它在现代化的构成中确实占有重要的地位。它是实现现代化的基础，或者说是实现现代化的充分必要条件。没有机械化的支持，也就不可能有农业现代化。

2. 生产技术科学化

科技，是农业向现代化进化的动力源泉。农业生产技术科学化，其涵义是指把先进的科学技术广泛应用于农业，从而收到提高产品产量、提升产品质量、降低生产成本、保证食用安全的效果。实现农业现代化的过程，其实就是先进科技不断注入农业的过程，是不断完善农业的基础科研、应用科研及推广体系，不断提高科技对增产贡献率的过程。21 世纪，是科技的世纪。新技术、新材料、新能源的出现，将使农业现状发生巨大的变化，科技将在对传统农业的改造过程中，发挥至关重要的作用。如果离开科技，农业的现代化就会停滞不前。

3. 增长方式集约化

现代农业与传统农业相比，传统农业是落后的；集约经营与粗放经营相比，粗放经营是落后的。粗放经营与传统农业有一定的对应关系，集约经营与现代农业有一定的对应关系。由传统农业向现代农业的方向演化，一个基本的同步条件是农业增长方式要从粗放经营向集约经营转变，要摒弃传统的粗耕简作，推广现代的精耕细作，在化肥、农药、灌溉等方面的投入边际效益递减，外延扩大生产余地变小的情况下，把增产的基点转到挖掘内部潜力、降低生产成本、提升产品档次、提高综合效益、提高劳动者素质的轨道上来。

4. 经营循环市场化

现代农业的一个显著标志，就是市场成为农业经济运行的载体。面向市场来组织生产，投入—产出—消费的经营循环都要在市场上得以实现。这是农村经济由传统的自给自足自然经济形态，走上现代的、商品的市场形态的必由之路。在资源的配置上，行政手段的退出与市场功能的发挥，是现代农业的一个基本特征。在生产目的上，产品自给自足的消亡与纯粹用于商品交换的转换，是现代农业的又一基本特征。这个“发挥”和“转换”的量变过程，是传统农业向现代农业趋近的一个重要过程。产品的商品率如果达不到一个较高的程度，农业的现代化就很难实现。

5. 生产组织社会化

所谓生产组织社会化，就是对微观经济单元的组合布局进行引导，对社会分工进行协调，对专业化生产进行管理的过程。立足于整个社会来设计这一过程、完成这一过程，就是生产组织的社会化。它意味着农业生产与流通活动的各个部门、各个环节，必须和社会有关部门、市场主体有机地联系起来，并要随着现代化的不断推进提高这种依赖程度，以达到扬长避短、优势互补、提高劳动生产率的目的。现代化的生产，应该是社会化大生产。它排斥生产的小而全和封闭式经营，青睐按专业化分工组织生产，要求走开放式经营的道路。生产的专业化、生产组织的合理化、流通范畴的洲际化，构成了社会化大生产的三要素，这是在实现农业现代化过程中应刻意追求的发展方向。

6. 生产绩效高优化

我们所要的农业现代化，是高产优质高效的现代化。能否做到高产优质高效，是检验农业现代化成功与否的决定性因素。如果生产经营的最终结果是产品产量低、质量次、经济效益差，那么就应该看一看装备配置是否科学，生产工艺和技术是否落后，增长方式是否粗放，经营理念是否落后，生产的社会化程度是否理想。也就是说，生产绩效的高低，对是否真正实现了现代化具有“一票否决”的作用。生产经营的绩效，应该是个实实在在的考核指标，比如单位产量、优质品率、劳动生产率、企业利润等。要实现农业现代化，应该在提高绩效上下功夫。

7. 劳动者智能化

劳动者智能化，在这里是指从事农业生产或经营的人，一定要具备现代化的文化知识和技能水平。劳动者是生产力构成中最具基础作用、最有活力的因素。在对农业增产增效的贡献中，劳动者的贡献占有相当的比重。在农业生产经营过程中，先进的生产工具要靠人去创造，先进的科学技术要靠人去研究，先进的管理经验要靠人去总结，先进的经营体制和运行机制要靠人去应用。无论是增长方式的转变，还是生产绩效的提高，都是在人的主观能动作用下才得以实现的。离开了人，现代化将不复存在。从这个意义上说，我们要实现的农业现代化，是以人为本的现代化。提高劳动者的文化知识和技能水平，既是农业现代化的目标，也是实现农业现代化的可靠保证。

（三）衡量现代农业的标准

中国农业部农村经济研究中心在制定指导全国的农业现代化指标体系时，制定了量化的阶段性标准，分别从农业外部条件、农业本身生产条件和农业生产效果三大方面着眼，将评价指标确定为十项：①社会人均国内生产总值；②农村人均纯收入；③农业就业占社会就业比重；④科技进步贡献率；⑤农业机械化率；⑥初中以上文化程度的从业人员所占比重；⑦农业劳均创造国内生产总值；⑧农业劳均生产农产品数量；⑨每公顷耕地创造国内生产总值；⑩森林覆盖率。1～3 项为农业外部条件指标，4～6 项为农业本身生产条件指标，7～10 项为农业生产效果指标。农业现代化是一个动态的概念，其评价的具体标准应随时间的推进而作相应的调整。

我国现代农业的发展目标是：到 2015 年，现代农业建设取得明显进展。粮食等主要农产品供给得到有效保障，农业结构更加合理，物质装备水平明显提高，科技支撑能力显著增强，生产经营方式不断优化，农业产业体系更趋完善，土地产出率、劳动生产率、资源利用率显著提高，东部沿海、大城市郊区和大型垦区等条件较好区域率先基本实现农业现代化。展望 2020 年，现代农业建设取得突破性进展，基本形成技术装备先进、组织方式优化、产业体系完善、供给保障有力、综合效益明显的新格局，主要农产品优势区基本实现农业现代化。

二、发展现代农业的重大意义

（一）我国发展现代农业的重大意义

我国是一个农业大国，也是农业弱国，全国大多数人口是农民，他们的生活在全国仍处于较低水平。农村的发展问题千头万绪，错综复杂。所以，中央下发了十多个以“三农”为主题的一号文件。其中，2007 年下发的《关于积极发展现代农业扎实推进社会主义新农村建设的若干意见》，以发展现代农业为主要内容，提出要用现代物质条件装备农业，用现代科学技术改造农业，用现代产业体系提升农业，用现代经营形式推进农业，用现代发展理念引领农业，用培养新型农民发展农业，提高农业水利化、机械化和信息化水平。2013 年下发的《关于加快发展现代农业，进一步增强农村发展活力的若干意见》提出，要围绕现代农业建设，充分发挥农村基本经营制度的优越性，着力构建集约化、专业化、组织化、社会化相结合的新型农业经营体系，进一步解放和发展农村社会生产力。加快发展我国现代农业，任务繁重，意义重大。

第一，加快现代农业建设步伐，有利于解放和发展农村生产力，提高农业综合生产能力和效益，促进农村经济社会全面发展；有利于引进工业技术成果，提高农业发展质量，增强城乡之间、工农之间的交流和互动，实现城乡协调发展；有利于合理利用资源，保护和改善生态环境，增强农业可持续发展能力，促进人与自然和谐相处。因此，发展现代农业十分必要。

第二，发展现代农业，对于推进建设社会主义新农村有着重要的现实意义。通过发展现代农业，调整农业结构，转变农业增长方式，推动农业经济又好又快发展，可以为新农村建设提供产业基础；通过完善社会化服务体系，改变农村落后面貌，改善农民生活质量，可以为新农村建设提供物质条件；通过推广应用新知识、新技术，培养和造就新型农民，可以为新农村建设提供人才保障和智力支持。建设社会主义新农村是党的十六届五中全会做出的重大战略决策，其根本目的也在于强力推进“三农”工作，缩小城乡差距、工农差距，加快城乡一体化进程，从根本上为全面建成小康社会攻破最大的一个“堡垒”。

第三，发展现代农业，无疑对促进农民增收意义重大。因为发展现代农业，不仅能够提高农产品商品率和农业综合效益，直接增加农民收入，而且能够加快农村二、三产业发展，拓宽农民就业空间，实现多环节增收。这也是促进农民长期稳定增收、不断增收的措施。促进农民增收，是“三农”工作的一个核心目标。农民收入增加了，农民的日子好过了，农村的社会和谐稳定也就有了坚实基础，同时还可以开辟更加广阔的农村消费市场，带动城市经济的持久繁荣。

第四，发展现代农业也是提高农产品国际竞争力的需要。农业在实现了保障国内农产品需求的同时，积极开拓国际市场，才能更大限度提高农民收入，提高农业水平。国际农产品市场的竞争，实质上是包括价格、质量、安全、品牌和经营方式在内的整个农业产业体系的综合竞争，说到底是现代农业水平的竞争。所以，在经济全球化的大背景下，只有发展现代农业，才能有效提高农产品的国际竞争力。

综上，发展现代农业意义重大。我们要通过多种渠道（政策引导、扶持，宣传舆论引导，农业科技支持、推广等），积极营造发展现代农业的氛围。

（二）凉山州发展现代农业的重大意义

1. 加快发展现代农业是推进“三化”联动发展的客观要求

农业是经济和社会发展的基础。凉山彝族自治州（以下简称“凉山州”）是农业大州，但农业发展总体水平不高，与农业强州的差距较大，实现农业现代化任重道远。当前，凉山州正处于推进“两化”互动、“三化”联动的加速期，工业已成为凉山州的主导产业，城镇化的发展则相对滞后。2012 年，全州城镇化率仅为 29.57%，远远低于全国全省平均水平，也明显低于凉山州工业化水平，同时农业现代化的发展也相当滞后。只有加快发展现代农业，才能更好地为推进新型工业化、新型城镇化提供支撑保障，构建城乡一体化发展新格局。

2. 加快发展现代农业是保障农产品有效供给的迫切需要

凉山州耕地、水等资源约束不断加大，农业基础设施薄弱，综合生产能力不强。只有加快发展现代农业，持续增强农产品供给保障能力，才能确保全州粮食总量平衡、基本自给，满足城乡居民“菜篮子”需求，促进农产品加工业发展。如凉山州的水稻，产量虽然较大，但由于人口的快速增长、经济社会的发展以及对外销量大，已出现需求缺口。因此，为确保凉山州粮食安全和农产品有效供给，必须依靠科技，选育一批具有重大应用前景和自主知识产权的突破性优良品种，攻克一批农业高产优质高效关键技术，以大面积提高粮食单产和农业综合生产能力。

3. 加快发展现代农业是转变农业发展方式的必然选择

凉山州的农业生产经营方式比较粗放，农产品知名品牌不多，市场竞争力不强。加快发展现代农业，合理布局农业产业，优化生产要素配置，应用现代科技和物质装备，发展适度规模经营，促进生产、加工、销售一体化发展，能有效提高土地产出率、资源利用率和农业综合效益。2012 年，科技创新对全州经济增长的贡献率仅为 42. 3%。凉山州作为传统农业大州，科技创新在农业发展中的占比非常小。现代农业竞争的实质是科技的竞争。只有加快发展现代农业，在农业生物技术、信息技术和资源环境等前沿科技领域开拓创新，发展涉农战略性新兴产业，加快现代农作物种业发展，抢占农业科技制高点，有效增加科技储备，从总体上提升农业科技水平，增强农业竞争力，才能从根本上转变农业的发展方式。

4. 加快发展现代农业是促进农民增收的有效途径

凉山州优势特色产业发展水平不高，农业组织化程度低，农业促进农民增收的潜力尚未充分发挥。加快发展现代农业，培育壮大优势特色产业，既能增强新农村建设的产业支撑，又可以把分散的农户组织进现代农业和农业产业化经营中，使广大农民群众充分受益、持续受益、长期受益。2012 年，凉山州农民人均纯收入仅为 6369 元，远低于全国全省水平，而增加农民收入是解决“三农”问题的核心。受资源短缺、物价上涨、自然灾害等因素的制约，农民持续增收必须依靠科技来开辟农业发展空间，通过加快发展现代农业，提升农业技术水平，培育主导产业，打造产业链，使农民通过应用新技术、转化新成果实现持续稳定增收。

5. 加快发展现代农业是推进扶贫攻坚工作的重要举措

改革开放 30 多年来，凉山州经济社会发展取得了长足进步。凉山是资源富集的地区，同时又是民族地区、贫困地区，贫困人口多、贫困面大、贫困程度深的问题至今仍未得到根本解决。2010 年，全州农民人均纯收入 2300 元以下的农村贫困人口为 107. 67 万人，贫困人口总量、国家扶贫开发工作重点县数量均居全省之首。这对凉山州 2020 年基本消除绝对贫困现象是一个巨大压力。而加快发展现代农业，能为扶贫攻坚提供强大的产业支撑，推动大凉山实现追赶跨越发展。要把发展现代农业作为综合扶贫的着力点，推进实现新村、新居、新产业、新农民、新生活“五新一体”，因地制宜发展现代特色效益农业，实现产业发展与新村建设互动相融，以新村带产业、以产业促新村，实现农民集中居住、产业集群发展、农民增收致富的目标。

6. 加快发展现代农业是实现凉山州与全省全国同步全面建成小康社会的重要保障

虽然凉山州近年来经济社会发展加快，全面建设小康社会取得了重大实效，但与全国、全省相比，由于基础薄弱、起步较晚等原因，总体进程仍然慢于全国、全省。2010 年，凉山州建设小康社会的实现程度低于全国 14 个百分点，低于全省 10 个百分点。凉山州农村地域广、农业基础弱、农民数量多，“三农”工作虽然取得了明显成效，但问题仍然比较突出，现代农业发展相对滞后。

现代农业包括现代科技、现代装备、现代管理、现代农民等诸多方面，只有加快发展现代农业，以农业科学发展为主题，以转变农业发展方式为主线，促使凉山州由传统农业大州向现代农业强州转变，才能顺利实现 2020 年凉山州与全省全国同步全面建成小康社会的目标。

第二章　凉山州发展现代农业的条件分析

一、凉山州州情概况

凉山彝族自治州位于四川省西南部，总面积 6.04 万平方公里，辖西昌、德昌、会理、会东、宁南、普格、布拖、昭觉、金阳、雷波、美姑、甘洛、越西、喜德、冕宁、盐源及木里藏族自治县 17 个县市、616 个乡镇，是全国最大的彝族聚居区和四川省民族类别最多、少数民族人口最多的地区。全州总人口 497 万，其中彝族 252.2 万，占总人口 50.7%。凉山州境内地貌复杂多样，以山地为主，占总面积的 80%左右，地势西北高，东南低。气候属于亚热带季风气候。凉山州是一个资源富集、开发潜力巨大的地区，是国家确立的“攀西战略资源创新开发试验区”的重要组成部分，具有富甲天下的水能资源、得天独厚的矿产资源、极为丰富的农业资源、绚丽多彩的旅游资源和极具魅力的民族文化资源。

近年来，在党中央、国务院的关怀和省委、省政府的领导下，州委、州政府抢抓国家新一轮西部大开发和省委、省政府支持彝区跨越发展的“一个意见、两个规划”等重大机遇，坚持优势资源开发与保护并重，“两化”互动、统筹城乡，一手抓安宁河谷地区率先发展，一手抓大凉山彝区和木里藏区扶贫攻坚、跨越发展，积极培育金沙江下游沿江经济带，推动凉山经济发展格局由安宁河谷“独立支撑”向安宁河谷、金沙江下游“两翼带动”，全域跨越发展的新格局转变，努力实现凉山全域全程全面小康建设目标。

二、凉山州发展现代农业的有利条件

（一）区位优势

1. 凉山州的安宁河谷地区是四川省实施南向开放战略的咽喉

安宁河谷地区包括西昌市、德昌县、冕宁县、会理县、会东县、宁南县、喜德县（行政区划属凉山州），以及米易县、盐边县（行政区划属攀枝花市）一市八县，位于长江上游，北通成都、连接成渝经济区，南通云贵、连接东盟自由贸易区，区位优势突出，发展潜力巨大，是我省实施南向开放战略的咽喉，是四川省建设“一枢纽、三中心、四基地”的重要组成部分。凉山州有六县一市都位于安宁河谷地区，区位优势显著。安宁河谷地区突出的区位优势，优越的自然条件，独特的资源禀赋，较好的发展基础，有利于把该地区建成全州现代特色农业率先发展区和现代农业创新示范区。

2. 凉山州是川滇结合部的中心区域

凉山州处于川滇结合部、南向入滇的便捷通道区位，同时也是内地南向连接泛亚大铁路进入东南亚的快捷通道，是四川省由全国路网的“西部终端”变为“西部中枢”的重要环节。

与交通枢纽的快速通道相伴，物流、商贸和金融必然成为凉山州今后发展的三大方向。凉山州作为攀西资源主要蕴藏地区，以及亚热带作物产地，为凉山州建设战略资源开发基地和农产品深加工基地奠定了基础。总之，从更大范围和更高层面看，随着内陆省份对外开放的深入，随着川滇两省对外开放合作战略的进一步实施，凉山州作为川滇结合部中心区域这一独特区位优势，必将给包括凉山现代农业发展在内的凉山现代产业发展带来重要发展契机。

3. 凉山州是建设攀西经济区、打造攀西城镇群的重要区域

四川省实施多点多极支撑发展战略要求加快建设攀西经济区和攀西城镇群，把攀西地区打造成新兴增长极，这就给作为攀西地区重要组成部分的凉山州的经济发展和城镇建设带来了空前的发展契机。当前，攀西地区仅攀枝花一城独大，在现代经济竞争中难以与城镇群发达的区域相抗衡。因而，可以说没有凉山州城镇体系的发展和完善，就没有攀西城镇群的崛起，就难以建立攀西新兴增长极。凉山州目前已初步形成城镇体系的雏形，安宁河谷地区的点-轴式城镇发展带与攀枝花城镇的有机整合与不断发展，将是攀西城镇群崛起的重要保证，同时也将为凉山传统农业向现代农业转型提供市场基础和其他重要条件。从发展趋势看，攀西经济区的建设过程和攀西城镇群的崛起过程，同时也是凉山工业化、城镇化和农业现代化加速发展的过程。所以，一方面攀西经济区和攀西城镇群的发展是凉山州实现农业现代化的新动力，另一方面凉山农业现代化的推进又成为打造攀西经济区和攀西城镇群的重要基础。

4. 随着凉山州交通建设的全面推进，西部综合交通枢纽的“南向大通道”已具雏形

凉山州地处四川南向大通道区域性综合交通枢纽，以西昌为节点城市，突出高速公路、成昆铁路复线、航空、水运、干

线公路、农村公路建设，打通进出口，畅通内循环。凉山州正在着力构建“五纵两横两环加航空水运”的综合交通运输体系（“五纵”即成昆铁路、108 国道、雅攀高速公路、成昆铁路复线、宜攀高速公路，“两横”即 307 省道、西昭和西泸高速公路，“两环”即西昌—德昌—会理—会东—宁南—普格—西昌南环线和西昌—昭觉—越西—喜德—冕宁—西昌北环线），形成以西昌为中心的区域性综合交通枢纽。2008 年，西（昌）攀（枝花）高速公路通车；2012 年 4 月，雅（安）西（昌）高速公路全线贯通，还打通了会攀路、泸亚路、两盐路和通阳大桥等一批出州通道。截至 2012 年年末，全州通车里程达 2.2 万公里，其中等级公路 1.57 万公里，占 71%；西昌青山机场改扩建工程竣工投用，成为西南地区一流的支线机场。交通条件的不断改善，为凉山州现代农业的发展奠定了交通基础。

（二）资源优势

1. 地形、气候类型多样，光热资源丰富

凉山州各地海拔高度差异很大，最高海拔 5958 米，最低海拔 305 米，地貌类型有高山、高原、盆地、丘陵、河谷等，立体气候特征突出，生态农业、特色农业、立体农业的基础条件十分优越，具备在不同自然区域发展不同优势农业产业的特点。

凉山州干、湿季分明，光热资源富集。年降雨量在 800~1200 毫米之间，大多数地区无霜期在 300 天以上，境内日照充足，日照量自北向南递增，北部山地年日照时数约为 1600~1800 小时，而中南部达到 2400~2600 小时。与我国同纬度及其邻近地区相比，其日照时数是湘、赣、浙南、闽北等地区全年日照时数的 1.2~1.5 倍，是黔西地区的 1.6~2.1 倍，是四川盆地的 1.6~2.8 倍。热量丰富，气温年较差小、日较差大，年均气温 16℃~17℃，冬无严寒，夏无酷暑，气候温和，降水充沛，无霜期长，降水集中，雨热同季，多夜雨昼晴等。在这里，南亚热带、亚热带、温带、寒带都有其对应区域，气候多样。

2. 土地资源丰富，开发潜力巨大

全州辖区面积 6.04 万平方公里，耕地详查面积 888 万亩（1 亩≈666.67 平方米），农民人均耕地超过 2 亩，高于全国、全省平均水平，有林业用地 4988 万亩，有天然草地 3617 万亩，有宜农荒地 430 万亩，耕地后备资源丰富，具有发展特色农业、绿色农业产业基地的巨大潜力。

3. 生物种类繁多，作物优质高产

凉山州多样的气候类型孕育出多样的生物种类。这里蕴藏着我国南北兼有的高等植物 200 多科，各种生物资源 6000 多种，其中植物 4000 多种，药用植物 2000 多种，被誉为动植物基因库，是农业多样性的典型代表区域。同时，光热水土条件好，各类作物生长快、产量高、品质优，具有极大的开发价值。

4. 农业特色鲜明，竞争优势突出

凉山州是全国最大的石榴、青花椒生产基地，西南最大的苹果生产基地，四川最大的甘蔗、早特蔬菜、花卉和白魔芋生产基地。拥有国家级现代烟草农业示范基地，无公害优质稻、石榴、水果、蔬菜四大省级挂牌生产基地，以及无公害大米、洋葱、蒜头、蒜薹、石榴、葡萄六大国家级农产品品牌，现已建成优质烤烟、优质蚕桑、优质甘蔗、早市和反季节蔬菜、特色水果、花卉、特色粮食、畜牧业、经济林、中药材十大绿色、特色产业基地。

凉山地处我国亚热带气候的北缘区和温带气候的南缘区，所以这里温带作物物候期最早，产品上市也早。安宁河谷是四川省第二大平原，素有“川南粮仓”的美誉。土地、气候、物种所形成的“黄金组合”，使这里盛产的农产品以“早、稀、优”著称，樱桃、苹果、梨、桃、李、石榴可抢出一个月的时间差。而这里亚热带作物物候期最晚，产品上市晚，芒果、桂圆、荔枝要等市场上其他地方的产品销售殆尽方“登台亮相”。这一早一晚，与我国其他主产区集中上市期自然错开，人无我有，优势突显。凉山州是发展优质、特色、高效、生态农业的理想区域。

（三）现实基础

1. 农业产业化进程加快

全州现有农业龙头企业180家，其中国家级龙头企业1家，省级重点龙头企业10家，州级重点龙头企业95家，年产值97.8亿元，出口创汇4909万美元；农村专业合作经济组织2361个，拥有成员10.2万户，带动非成员农户35万户（次）。通过“公司+基地+农户”“公司+专业合作社+农户”等模式，发展订单农业，不断延伸产业链，增强了产业发展后劲和可持续发展能力。

2. 农业科技推广水平有所提高

“十一五”以来凉山州农业科技推广体系建设力度有所加大，同时通过开展粮油高产创建活动、高效园艺作物“千亿示范”工程，推进良种推广、技术统训、物资统配、病虫统防等科技措施的组装配套，使得一些农技成果的转化速度加快，农业科技推广应用水平有所提高。

3. 农业生产基础设施及基础条件不断改善

农业综合开发、以工代赈、农村能源建设、农村交通道路建设、农田水利基础设施建设等一批重点项目的实施，使农民生产生活条件得到改善，高产稳产田地面积增加，抗御自然灾害的能力有所增强，农业综合生产能力逐步提高。全州加大了农机新机具新技术推广力度，农机总量增加，结构有所优化，农机化作业水平有所提高。目前，全州已建成标准农田178.1

万亩，占耕地统计面积的34.8%；建成的水库、小型水利工程、微型水利设施能较好满足需要，有效灌面194.31万亩，保证灌面145.56万亩。围绕“全域灌溉”建设目标，规划“十二五”期间，投入水利建设资金116.81亿元，开工及续建项目640个，解决农村121.6万人的饮水安全问题。改造中低产田土16.5万亩，创建高产示范田82.14万亩。

4. 农业产业结构调整取得新进展

针对凉山州不同区域的不同自然条件、不同经济发展条件，制定实施了《安宁河谷特色农业发展规划》《凉山州八大特色农业产业发展规划》，通过不断调整优化农业产业结构，推进优势作物向优势产区集中，推进发展优势作物产业带，推进特色优势农产品基地建设。八大特色优势农产品基地建设已初具规模，特色优质农产品比重显著提高，烟、薯、茧、菜、果、花等一些特色优质农产品在全国农业博览会屡获大奖，“大凉山”农产品品牌知名度不断提升。在稳定提高粮食综合生产能力的基础上，围绕农民增收目标，大力调整种植业结构。以“十一五”为例，全州粮、经、饲比由2005年的67∶18∶15调整为2010年的65∶22∶13。通过调整种植业结构，促进了特色水果、早市蔬菜、绿色马铃薯等一大批优势作物快速发展。2010年农民人均纯收入（种植业部分）达到2039元，较2005年的1171元增加868元，年均递增11.7%。总之，农业产业结构调整加快了特色农业发展，促进了农民收入增加。

5. 标准化生产及品牌建设水平有所提高

新制定烤烟、粳稻、苦荞茶、苹果等10余项地方标准，修订马铃薯、苦荞、蚕茧、石榴、脐橙、洋葱等38项地方标准。获得国家农产品地理标志登记保护产品10个，185个农产品荣获有机食品、绿色食品、无公害农产品认证，57个特色农产品生产基地获绿色、无公害农产品基地证书，基地面积283万亩，成功创建全国规模最大（152 万亩）绿色食品原料马铃薯标准化生产基地。

全面推进“大凉山农产品”品牌建设战略。通过西博会、农博会等多种平台，推介凉山优势资源、优良企业、优质产品，倾力打造“大凉山优质特色农产品”，品牌建设取得明显成效。

6. 特色产业初具规模

凉山州具有发展特色优势农业产业的优越资源条件。2012 年，已建成马铃薯基地 240 万亩，产量 390 万吨，居全省第一；苦荞麦基地 100 万亩，产量 12 万吨，居全省第一；特色水果产量 97.86 万吨，产值 32.86 亿元，建成全国最大石榴生产基地，西南最大苹果基地；中药材产量 4608 吨；鸡枞、松茸、猴头菇、香菇、木耳、银耳等林产品已批量出口国外。牧草资源丰富，叶量丰富，草质细嫩，适口性好，营养价值高，为畜牧业快速发展提供了天然条件。全州有牛、马、羊、猪、鸡等 100 个品种品系，尤以黑山羊、牦牛、黄牛、香猪等牲畜发展最快，开发潜力大。2012 年，优质肉羊基地出栏肉羊 385 万只，居全省第一；优质肉牛出栏 40 万头；优质生猪出栏 570 万头；生态鸡、优质肉鸭等家禽出栏 2269 万只。凉山州农业光热资源十分丰富，具有发展优质烟叶的独特气候条件，是国家重要的战略性优质烟叶基地，所产烟叶可与世界上最好的津巴布韦烟叶相媲美。全州适宜种烟耕地 350 万亩，均属优质烟叶生产的最佳生态区域，具有发展“清甜香型”优质烟叶得天独厚的自然条件。独具“清甜香型”特色的凉山优质烟叶已进入中华、芙蓉王、娇子等高档品牌和大品牌的主配方，需求缺口逐年增大，成为全国卷烟工业企业的“稀缺资源”，呈现出供不应求的良好局面。目前，全州已形成包括西昌市在内的 13 个县市、218 个乡镇构成的基本烟区，烟叶基地规模居全省第一、全国第二。2012 年烟叶种植面积 100 万亩，产量达 12 万吨。烟草产业已经成为凉山州工业的重要支柱产业之一，未来发展前景广阔。特色产业发展势头良好，成为推动农业和农村经济发展的重要支撑。

三、凉山州发展现代农业的不利因素

（一）基础条件差和基础设施总体薄弱的格局尚未得到根本性改变

尽管近年来凉山州农业基础条件和农村基础设施得到了不断改善，但其总体薄弱的格局尚未得到根本性改变。这表现在多个方面：凉山州公路网密度为 36.057 公里/百平方公里，远低于全省平均水平；现在全州仍有 11 个乡镇 740 个建制村不通公路，1096 个村不通电、涉及 66.24 万人，581 个村不通广播电视，99.7 万人未解决饮水安全问题；区域性、结构性缺水问题仍很严重，农业靠天吃饭的局面尚未根本改变；需要改造的中低产田土还占到全州总耕地的 2/3 左右；发展现代农业所需要的农产品交易、仓储、物流、信息等设施建设也严重滞后，等等。

（二）农业生产要素紧约束的趋势开始显现

随着凉山州工业化、城镇化进程的加快，耕地资源递减趋势难以改变，人口逐年递增与耕地减少、耕地不足的矛盾日趋突出。随着凉山州农村劳动力向城市及非农产业的转移，青壮年农业劳动者不断减少，有文化、有技术、有能力的农业劳动者不断减少。农业劳动力越来越少且质量下降，以及老龄化现象严重，是农业发展无法回避的趋势性问题。农村资本也存在向城市转移的现象，农村金融市场不健全，融资困难问题仍很突出。总之，凉山州农业生产要素紧约束的趋势开始显现。

（三）城乡发展不平衡，城乡收入差距大

2012年，凉山州城镇居民人均可支配收入19 972元，与上年相比增长16%，农民人均纯收入6369元，与上年相比增长15%，城乡收入比为3.14∶1。四川省城镇居民人均可支配收入20 307元，农民人均纯收入7001元，城乡收入比为2.90∶1。全国城镇居民人均可支配收入24 565元，农民人均纯收入7917元，城乡收入比为3.10∶1。可见，凉山州城乡人均收入低于全省全国平均水平，城乡收入差距却高于全省全国平均水平，表现为低收入地区城乡收入差距拉大的特点。

（四）州内区域二元结构特征明显

凉山州除了城乡发展不平衡之外，州内区域发展也不平衡，区域二元结构的特征很明显。比如，2012年安宁河谷6县市GDP总和达801.4亿元，占全州71.4%，地方公共财政收入占全州59.2%，而其他的11个县所创造的GDP总和还不到全州经济总量的30%，所创造的地方公共财政收入也只有全州总量的40%左右。可见，凉山州具有城乡二元结构与区域二元结构同时并存的特点。

（五）三次产业结构仍不合理，第一产业仍占较大比重

2012年，凉山州三次产业比重为19.5∶52.3∶28.2，全部工业增加值达453.4亿元，增长16.5%，第三产业增加值增长11.3%，农业增加值增长4.6%。四川省三次产业比重为13.8∶52.8∶33.4，全国平均三次产业比重为10.1∶45.3∶44.6。由此可见，凉山州三次产业结构不合理，第一产业仍占较高比重，

高于全省全国平均水平，第三产业比重低于全省全国平均水平，农业增加值增长速度慢于第二、三产业增加值增长速度。因此，凉山州仍属于传统农业大州，农业在凉山州产业结构中仍占较大比重。

（六）农产品加工业发展滞后

受基础条件、资金、技术、信息、市场、体制机制等诸多因素的影响，凉山州农产品加工业发展滞后，农产品加工企业总体上数量偏少、规模偏小、档次偏低。农业加工工艺设施落后、技术含量低，农产品粗加工企业比例高，初级原料加工和半成品加工比重高，精深加工明显不足，加工增值少，产业链条短。同时，农产品加工业发展所需要的配套设施建设滞后。

（七）城镇化进程缓慢，城镇化水平低

2012 年，凉山州城镇化率为 29.57%，全州总人口中约 70% 的常住人口在农村，城镇化率比全省平均水平低 12.66 个百分点、比全国低 22.16 个百分点。城镇化进程缓慢，城镇基础薄弱，不同区域城镇化发展不平衡。城镇化水平低，大量人口滞留在农村（凉山州现有农村常住人口约 350 万人），导致农业劳动力就业结构转换严重滞后于产业结构转换，城镇化滞后于工业化，不利于农业现代化的发展。

（八）贫困问题依然突出

凉山州贫困面大，贫困人口多，贫困程度深。全州 17 个县市中有 11 个是国家扶贫开发工作重点县，占全省 30.6%；集中连片特困区 4.16 万多平方公里，占全州总面积的 68.9%。如按 2300 元国家扶贫标准测算，全州贫困人口数量高达 107.67 万人。大部分少数民族贫困人口集中居住在 1500~2800 米之间的

高海拔地区，生存条件差，生产方式落后，“靠天吃饭”现象比较普遍。

（九）从总体上看农业投入还以传统生产要素投入为主，农业产出水平低

一是从投入上看，凉山州农业仍以传统要素投入为主。①凉山州不少县、乡地处偏远的高海拔山区地带，山高坡陡、地势狭窄，农业生产技术和生产工具革新缓慢，主要还是以传统生产经验、人畜力和各种手工工具为主，劳动效率低下，基本上还是靠天吃饭。②在土地要素方面，凉山州山地坡地比重大、中低产田土比例高，“望天田”面积大。③在劳动力要素方面，随着凉山州农村青壮年向二、三产业转移，较高素质的农业劳动力不断减少，农业劳动力的质量呈下降趋势。

二是从产出上看，凉山州农业仍以小规模生产为主，传统农业生产方式还占很大比重，生产成本高，劳动强度大，不能有效抵御自然灾害，导致全州农业的土地生产率、劳动生产率和资源利用率总体水平低下。

（十）农业生产专业化、社会化、区域化和市场化程度不高

农业生产的专业化、社会化、区域化和市场化程度不断提高是发展现代农业的必然要求，而从凉山州农业发展现状看，凉山州农业这“四个化”的水平都还不高。以农业市场化为例，凉山州农超对接和农产品批发市场建设发展滞后；市场开拓力度不够，特色农产品市场开发缺乏系统研究和整体推进；专业批发市场、农产品集散地还比较少；农产品品牌效应还不强，在全国叫得响的拳头品牌还很少，农产品在中高档市场占有率不高，农产品市场化程度总体不高。以农业专业化为例，凉山州农业生产还以“小而全”的小农户生产为主，缺乏专业分工，

专业化发展水平低。以农业区域化为例，凉山州农业区域化发展水平低，还没有严格按区域化原则组织生产。以农业社会化为例，凉山州农业社会化程度不高，农业社会化组织、社会化管理和社会化服务水平较低。

（十一）农业劳动者文化水平总体偏低

从事传统农业的农民文化水平较低，忽视人力资本投入，很少或没有专业分工，农民从事农业生产主要靠经验。而现代农业则对生产者提出了较高的要求，需要的是有文化、懂技术、会经营的新型农民。凉山州农民的文化素质总体偏低，初中文化程度以下的人口占农村总人口的93.5%，高中文化程度以下的人口占农村总人口的98.5%，贫困地区农村群众受教育年限只有6年左右。随着农村劳动力向城镇和非农产业转移，农业在业劳动者素质进一步下降，且年龄偏大。

（十二）农业生产经营组织创新滞后

凉山州目前的农业生产仍然是以一家一户高度分散的传统小农业生产为主，农户经营的集约化水平不高，农民生产经营组织化程度低。农户生产主要以投入传统生产要素为主，生产效率不高。高度分散的传统小农业生产面临着很高的市场风险、技术风险和自然风险。因此，推进农业现代化，需要创新农业生产经营组织，大力发展联户经营、专业大户、家庭农场和多种形式的农民合作组织。

（十三）农业投入严重不足，农业投入持续较快增长的长效机制尚未完全建立

分析凉山农业投入，应当重点关注财政支农、金融支农、社会资本投资和农户积累等农业投入渠道。虽然财政支农资金

总量不断增长，但仍不能满足农业投入的巨大需求，财政支农支出占财政总支出的比重还需要提高。同时还存在以下问题：财政支农项目比较分散，农村金融体系尚不健全，农户和涉农企业融资渠道少，融资成本高；社会资本大量投入农业领域尚缺乏有效渠道和有效激励机制；农户收入水平还不高，对农业的投入水平也很低。通过这些分析可以看出，凉山州农业投入的需求缺口还很大，而促进农业投入持续大幅增长的长效机制尚未完全建立。

（十四）农业科技创新能力总体较弱

尽管凉山州近年来农技推广水平有所提高，但是农业科技创新能力总体上还较弱。农业科技创新能力不强，既表现为农业创新投入少、农业企业自主创新能力弱、农业科技贡献率低，也表现为农业技术创新体系尚不完善、促进农业科技创新所需要的区域创新体系发展滞后。

（十五）生态环境压力较大

凉山州生态环境形势严峻，环境污染较严重，仍然存在环境破坏现象，环境保护和环境污染治理总体滞后。一些区域生态环境脆弱，点多面广的矿产资源开发也容易造成分散性环境污染。农村生态环境的面源污染和土壤污染问题较严重。农村面源污染治理水平低，农村生态环境问题日益突出。

第三章　凉山州发展现代农业的总体思路、基本原则、主要目标和重点任务

一、总体思路

深入贯彻落实党的十八大精神，大力实施统筹城乡发展战略，推动城乡发展一体化，促进工业化、信息化、城镇化、农业现代化同步发展，以粮食增产、农民增收、农业增效和实现农业农村现代化为目标，加快转变凉山州农业发展方式，着力解决农业投入不足、农业基础设施薄弱、农业科技水平较低、农业劳动力素质不高、农业体制机制不完善等问题。通过加强农业基础设施建设、发展特色优势现代农业产业、构建现代农业发展支撑体系、推进农业产业化规模化标准化集约化发展、推进新农村建设和强化现代农业发展保障措施，加快推进凉山州现代农业发展，逐步实现凉山州农业现代化。

二、基本原则

（一）科技支撑原则

农业生产工具、生产技术和生产要素的现代化是农业现代化的重要内容，要大力加强农业科技创新，加快农业科技成果转化，不断提高农业劳动者素质，强化农业科技支撑能力。

（二）市场导向原则

现代农业是市场农业，农业现代化的过程也是农业市场化的过程。要以增加农民收入、繁荣农村经济为目标，坚持市场导向，围绕市场需求，着力抓好农产品市场营销，不断提高农业的市场竞争力。

（三）优势优先原则

发展现代农业产业要立足资源优势、产业优势、生态优势，坚持优势优先原则，大力扶持优势特色农业产业发展，做大做强优势特色农业产业，实现农业增效、农民增收和农村发展目标。

（四）基地带动原则

现代农业是规模化生产、标准化管理的农业。要大力加强现代农业产业基地建设，通过现代农业产业基地的带动，引导农户进行农业专业化现代化生产，推动农业规模化种植、标准化生产、社会化服务和产业化经营不断发展。通过现代农业产业基地的发展促进现代农业的发展，实现高产、优质、高效、生态、安全的现代农业发展目标。

（五）循环互动原则

现代农业是循环农业。要树立大产业、大生态、大农业的观念，以循环农业的理念指导农业生产，优化配置资源，提高资源利用率，实现低消耗、高增长、可持续发展，逐步形成符合循环经济理念的绿色生产和绿色消费模式，建立有利于节约资源和保护环境的生产生活方式。要坚持“整体、协调、循环、生态”的循环经济理念，转变农业发展方式，从农业产业系统和产业链的角度，从整体上谋划“产加销”“农工贸一体化”的相互支撑和产业循环互动，集约产业资源，强化集聚效应，推行循环农业模式，实现可持续发展。

（六）加强开放合作的原则

现代农业是市场高度开放的农业。要大力推进农业开放合作进程，既要加强国内的开放合作，也要加强对国外的开放合作，大力发展外向型农业。

（七）着力提高“两个水平”的原则

在推进农业现代化进程中，必须坚持以家庭承包经营为基础、统分结合的农业双层经营体制，同时要积极加以完善，家庭经营要着力提高集约化水平，统一经营要着力提高组织化水平。

（八）健全“四大制度”的原则

要建立健全农业投入保障制度、农业补贴制度、农产品价格保护制度和农业生态环境补偿制度，为现代农业的发展提供支持和保障。

（九）遵循农业发展规律的原则

农业再生产的根本特点是经济再生产和自然再生产相交织。发展农业，推进农业现代化，必须遵循农业经济规律和农业自然规律。

三、到2020年的主要目标和重点任务

通过发展现代农业完成凉山农业由传统农业向现代农业转变，需要一个较长的过程。在这个过程中，凉山农业现代化的目标和任务是分阶段实现和完成的。本课题组立足凉山实际，以凉山州“十二五”发展规划为基点，提出到2020年凉山州发展现代农业的主要目标和重点任务。

（一）主要目标

1. 主要农产品供给目标

到2020年凉山州粮食供给继续保持平稳增长，自给率稳定在95%以上，粮食总产量达到300万吨，人均粮食占有量达到500公斤以上；马铃薯产量达到750万吨，苦荞麦产量达到22万吨，蚕茧产量达到65万担，蔬菜产量达到280万吨，特色水果产量达到125万吨，烤烟产量达到500万担（1担=50千克）；畜产品、林产品、水产品产量大幅增长，其中畜产品和林产品除满足本州需要外，外销量应当有显著增加，水产品应当能够实现供求平衡，其他农产品产量也应当有明显增长。

2. 农业生态环境改善目标

到2020年，全州森林覆盖率提高到50%以上，水土流失面积、石漠化土地和沙化土地面积明显减少；适宜农户沼气普及

率达75%以上，大力推广省柴节能灶和高效低排生物质锅炉；全面推广高效低毒低残留农药和生物农药、测土配方施肥技术；经有效治理大量减少农业面源污染，不断提高秸秆、人畜粪便处理利用率；农村环境卫生和村容村貌明显改观。

3. 农产品品质优化目标

到2020年，农业标准化生产能力显著提高，标准化生产覆盖率达到85%，良种覆盖率达95%以上；农作物重大病虫害专业防治覆盖率提高至95%；建立健全农产品质量安全管理体系，基本实现绿色农业生产，无公害农产品生产基本普及，农产品中绿色食品和有机食品的种类和数量大幅增加；农产品精深加工率大幅提高，加工农产品的品质和效益显著提升。

4. 农业和农村经济结构调整目标

农业内部结构更加合理，特色优势经济作物种植业、林业、畜牧业的产值在农业总产值中的比重显著上升，畜牧业产值在农业总产值中的比重提高到50%以上；农业区域布局更加合理，优势农产品基地建设更加完善和成熟；农村产业结构更加协调，农村二、三产业快速发展，就业人数显著增加，第一产业劳动力占农村三次产业就业总人数的比重降至50%以下；在农村经济结构不断调整优化的同时，随着城镇化加速推进，农村常住人口大量减少，城镇化率达到50%。

5. 农业科技创新目标

到2020年，科技进步对农业增长的贡献率提高10个百分点，农业科技人员数量增加30%；耕种收综合机械化水平达到70%以上，农机社会化服务能力进一步增强；健全农业技术推广体系的目标基本实现，农技推广水平显著提高；农业科技投入大幅增加；区域创新体系和农业技术创新体系基本形成。

6. 农民收入和自我发展能力目标

到2020年，农民人均纯收入年均增长13%以上，其中工资性收入占农民人均纯收入的比重达到55%以上。同时，随着全州农民人均收入大幅提高，绝对贫困现象已基本消除。新型农民合作组织大量增加，新型农民和职业农民大量增加，农民民主管理和自我发展能力进一步增强。

7. 农村公共事业发展目标

到2020年，全州农村教育、卫生、文化等社会事业发展水平显著提高，农村社会保障体系基本完善，保障水平有较大提高，农村社会就业服务体系基本完善，就业水平有较大提升，农村社会管理和社会服务水平有明显提高。农村基础设施和基础条件的主要瓶颈制约基本消除，农村信息化程度达70%以上，基本实现村村通电话，乡乡能上网；村村通公路覆盖率达100%；全面解决农村饮水问题，农村生产生活条件明显改善。

8. 城乡、区域差距缩小目标

到2020年，全州城乡发展一体化的体制机制基本形成，城乡基本公共服务均等化目标基本实现，城乡居民收入水平和消费水平差距明显缩小。州内区域二元结构得到较大改变，安宁河谷地区和州内其他区域发展差距明显缩小，发展的协调性明显增强。

（二）重点任务

1. 进一步推进“两化”互动“三化”联动、统筹城乡区域协调发展战略的实施

进一步实施这一发展战略，既可以加速凉山工业化和城镇化进程，也可以加快实现凉山农业现代化，促进“三化”逐步趋于协调发展。同时，进一步推进该战略的实施能够把州内安宁河谷地区的率先发展与大凉山彝区及木里藏区的跨越式发展结合起来，不断缩小州内区域发展差距。

2. 进一步增强农业综合生产能力和农产品供给能力

增强农业综合生产能力是实现农业现代化的重要组成部分，是粮食生产安全和农产品有效供给的重要保障。只有农业综合生产能力不断提高，农业发展后劲才会不断增强。农业综合生产能力是由农业生产诸要素综合投入所形成的可以相对稳定实现的农业综合产出水平。农业综合生产能力的大小，既取决于土地、生产资料、机械和人力投入的多少，也取决于农业科技水平的高低和农业抗灾能力的强弱，还取决于其他多种因素。在推进农业现代化过程中，必须通过多种途径增强农业综合生产能力，并且最终要通过农业效率、农业效益和农产品的市场竞争能力来检验。要通过科技创新、增加投入、改善基础设施和基础条件、推进产业化规模化标准化品牌化、完善社会化服务体系等多种途径，不断增强农业综合生产能力。

3. 进一步优化农业和农村经济结构

加大农副产品加工业、劳动密集型产业、特色工业的发展力度，加速农村工业化进程，靠产业化拉动实现农村经济结构的战略性调整。瞄准生产规模化、经营企业化、产品标准化的方向，努力做优种植业、做大养殖业、做强加工业、做畅流通业。因地制宜、典型示范、招商引资、科技驱动，调整农业内部结构，大力发展高效农业；狠抓龙头企业建设，全面建设市场体系，搞活农产品流通，大力发展特色产品、优质产品、无公害产品和精深加工产品，推进农业产业化经营，提高农业发展的综合素质和效益；建立和完善农民专业性合作经济组织；突破传统观念，大力发展都市农业、休闲农业、观光农业。

4. 基本建立农业科技创新体系

到 2020 年，基本建成农业科技创新体系。

（1）制定农业科技产业发展政策。从实际出发，制定具有强大政策导向作用和长远意义的农业产业发展技术政策。应以产品创新和产品市场创新为中心，对那些技术含量高、市场潜力大、产品附加值高的农业产业予以重点扶持，加速其实现产业化。制定产业鼓励政策、优惠政策、风险分担政策、经费支持政策、知识产权保护政策等，促进农业产业发展，推动农业科技创新体系建设。

（2）加强农业科技体制创新。要建立农业科技创新体系，就必须在农业科技运行机制和体制上进行改革和创新。要改变传统的农业科技体制宏观管理条块分割、组织布局分散、研发层次重叠、管理效率低下，跨专业综合性项目较少，研发方向与市场需求脱节，运行机制、分配机制、激励机制僵化落后的状况，按照科技发展规律和市场经济规律，深化农业科研体制改革，对科技布局及机构设置进行优化配置，并建立新的运行机制，改变农业科技管理模式和内容。要推进灵活、公平竞争、蓬勃向上的运行机制建设，实行公开招标、竞争立项，人员自主结合、竞争上岗的办法，发挥每个农业科技岗位的作用。

（3）加快创新人才队伍建设。要采取有效措施，加强农业科技队伍建设。重点是发挥高等农业教育系统培养人才的主力军作用，提高培养造就人才的质量；通过科研工作，在科技实践中培养造就高水平的学术人才；建立起人力资本合理使用和人才资源优化配置新机制，改变人才不足与人才闲置同时存在的不正常现象，调动广大农业科技工作者的积极性，为他们创造一个良好的工作环境和生活氛围，建立激励机制，发挥人力资本充足的优势。

（4）增加农业科技创新投入。重点是建立以政府投入为主、多渠道投入并存的农业科技创新投入机制。在政府财政投入的同时，充分发挥市场和社会需求对农业科技进步的导向和推动作用，鼓励企业和社会资本投入。同时，农业科研单位要采取股份制等多种形式，加快成果产业化。逐步建立起以政府投入为主体的多渠道、多元化的农业科技投入机制。

5. 进一步提高农产品质量安全水平

用7年左右的时间，以基本建成凉山现代农业体系为目标，全面优化农业生态环境，进一步完善农产品质量安全保障体系，全面实施农业标准化生产和农产品市场准入制度，提升农产品的档次，各类农产品基本达到绿色食品的质量安全标准。农业标准化是现代农业的重要标志，也是确保农产品质量安全的关键。农业标准化工作要以发展现代农业、保障农产品质量安全为目标，坚持“政府主导、宣传引导、项目带动、市场拉动”，加快健全现代农业标准体系，扎实推进标准化示范建设，完善监管机制，强化监管手段，确保农业标准化水平显著提升。进一步加强农产品市场监管。目前，农产品市场秩序不规范，对无公害农产品的发展影响较大。因此，必须加大对农产品市场的监管力度，建立一个组织、管理无公害农产品生产、经营、流通的有效机制，强化检验检测，全面实施市场准入制度。要进一步加强对农产品基地建设的规划指导，加快农产品基地建设。针对当前凉山州在农产品基地建设中存在的问题和制约因素，要按照“支柱产业特色化、规划布局区域化、经营机制产业化、生产基地标准化、优质产品品牌化”的要求，大力加强农产品基地建设。

6. 进一步增加农民收入和增强农民自我发展能力

建立健全增加农民收入的长效机制，切实增强农民的自我发展能力。帮助农民发展产业，提高自我发展、自我创业、自我经营、自我致富的能力，形成强大的村级经济和民营经济。一要促进非农转移，增加农民的工资性收入。另外，随着人口的增长和城市化进程的加快，地少人多的状况会越来越严重，如何尽快把聚集在农村土地上的劳动力转移出来，更是一个刻不容缓的问题。因此，要继续加强对农民的教育培训，制定城乡一体化的就业政策，大力推进农民非农就业。二要完善保障体系，增加农民的转移性收入。贯彻落实农村新型社会化养老保险相关政策，逐步完善新农保制度。完善被征地农民养老金标准调整办法，提高保障水平。对符合条件的困难家庭实行动态管理下的应保尽保。加大医保扶持力度，积极争取各级财政对医疗卫生事业的投入，提高农民的医疗保障水平。三要发展新型合作，拓展农民财产性收入的渠道。在继续推进农村“五大合作”的基础上，进一步创新合作形式和合作内容，发展以现金或其他财产入股的富民合作社。四要实施规模经营，提高农民的经营性收入。转变生产方式，进一步实施农业生产规模经营，实现农业集约生产，让农民在规模经营中获取更多收入。

7. 提升农业可持续发展能力，改善农业生态环境

改善凉山州农业生态环境，一方面要求改善整个凉山州的生态环境。为此，必须继续实施退耕还林、天然林资源保护、重点防护林、退牧还草、石漠化综合治理、自然保护区、湿地保护及恢复等生态建设工程，从源头上扭转生态环境恶化的趋势，提高凉山州生态环境质量和承载能力。同时，还要根据治理与预防并重、预防为主、防治结合、综合治理的原则，不断加大环境污染治理力度。另一方面则要求改善农业和农村生态环境。为此，需要实施“村庄整治”工程，加强农村环境基础设施建设，加强对畜禽养殖污染、土壤污染、农业生产污染的防治，同时还需要大力建设生态农业，大力发展绿色农业和循环农业。

8. 快速发展农村社会事业

农村社会事业包括农村教育、卫生、文化体育、人口和计划生育、社会保障等多个领域。农村社会事业的发展，与广大农民群众的切身利益和发展需要密切相关。加快农村社会事业发展，要转变发展观念和创新发展模式，加快发展农村义务教

育，大规模开展农村劳动力技能培训，积极发展农村卫生事业，繁荣农村文化事业，不断完善农村社会保障制度，倡导健康文明新风尚。

（1）加快发展农村教育。应着力巩固农村九年制义务教育，建立健全农村义务教育经费保障机制，进一步改善农村办学条件，逐步提高农村中小学公用经费的保障水平。加强农村教师队伍建设，加大城镇教师支援农村教育的力度，促进城乡义务教育均衡发展。加大监管力度和规范农村学校收费，进一步减轻农民的教育负担。与此同时，还应积极发展职业教育，增强办学的针对性和实用性。

（2）加强农村公共卫生和基本医疗建设。要不断增加投入，加强以乡镇卫生院为重点的农村卫生基础设施建设，健全农村三级医疗卫生服务和医疗救助体系，有条件的地方，可对乡村医生实行补助制度。建立与农民收入水平相适应的农村药品供应和监管体系，规范农村医疗服务。加大农村地方病、传染病和人畜共患疾病的防治力度。增加农村卫生人才培养的经费预算，组织城镇医疗机构和人员对口支持农村，鼓励各种社会力量参与发展农村卫生事业。

（3）加快农村文化建设。应增加对农村文化发展的投入，加强县文化馆、图书馆和乡镇文化站、村文化室等公共文化设施建设，继续实施广播电视“村村通”和农村电影放映工程，发展文化信息资源共享工程农村基层服务点，构建农村公共文化服务体系。推动实施农民体育健身工程，为农村开展全民健身活动创造条件。积极开展多种形式的群众喜闻乐见、寓教于乐的文体活动，保护和发展有地方特色和民族特色的优秀传统文化，创新农村文化生活的载体和手段，引导文化工作者深入乡村，满足农民群众多层次、多方面的精神文化需求。扶持农村业余文化队伍，鼓励农民兴办文化产业。加强农村文化市场管理，抵制腐朽落后文化。

（4）提高农村社会保障水平。应按照城乡统筹发展的要求，逐步加大公共财政对农村社会保障制度建设的投入，进一步完善农村“五保户”供养、特困户生活救助、灾民补助等社会救助体系，进一步完善新型农村合作医疗制度、新型农村社会养老保险制度和农村低保制度，逐步提高农村社会保障水平，不断建立健全农村社会保障体系。

（5）倡导健康文明新风尚。大力弘扬以爱国主义为核心的民族精神和以改革创新为核心的时代精神，激发农民群众发扬艰苦奋斗、自力更生的传统美德，为建设社会主义新农村提供强大的精神动力和思想保证。加强思想政治工作，深入开展农村形势和政策教育，认真实施公民道德建设工程，积极推动群众性精神文明创建活动，开展和谐家庭、和谐村组、和谐村镇创建活动。在加快发展农村社会事业的同时，还要不断提高农村社会管理和社会服务水平。

9. 进一步深化改革，加快改变城乡二元结构

从多方面广领域进一步深化改革，改变城乡二元体制，破除城乡二元结构，着力构建城乡发展一体化体制机制。在深化改革中优化发展现代农业的体制机制，增强发展现代农业的动力和活力。

第四章　凉山州发展现代农业的路径

一、着力构建凉山州现代农业产业体系

构建现代农业产业体系是推进农业现代化的重要内容。立足凉山的资源优势和产业优势，今后应当通过加快以下各产业的发展，着力构建凉山州现代农业产业体系。

（一）加快发展优质粮食产业

1. 优质水稻产业

水稻是凉山州的优势作物。凉山州发展水稻在气候资源、耕地资源、水资源等方面优势明显。凉山州光热资源富足，特别是境内属于四川第二大平原的安宁河流域，气温温凉适宜，光合作用时间长，日较差大，低消耗高积累，有利于水稻优质丰产，太阳辐射量大，日照时数多，有利于水稻品质优，因而安宁河流域历来被称为“川南粮仓”。由于安宁河流域具有发展优质水稻得天独厚的自然条件，所以成为四川省优质稻品种最多、质量最好、产量较高的优质稻生产基地。凉山州耕地资源也较丰富，全州人均耕地高于全国和全省人均水平。凉山州耕

地主要集中分布在海拔1500~2000米之间，在总耕地中水田占23%。此外，尚有大量宜农荒地。凉山发展水稻有较多较好的耕地资源。

凉山发展水稻的水资源优势也很明显。凉山州水能资源极其丰富，州内河流众多，除金沙江、雅砻江、大渡河三大干流外，还有众多支流。流域面积在1000平方公里以上的河流有11条，流域面积在500~1000平方公里的河流也有11条，流域面积在100~500平方公里的河流有123条。现有蓄、引、提工程11 743处，有效灌溉面积194.31万亩，旱涝保收面积147.53万亩，其中节水灌溉面积72.03万亩。

除了气候、耕地、水资源外，凉山发展水稻还具有稻种资源丰富、单产潜力大、市场前景好等优势。以稻种资源为例，目前凉山州推广的水稻优良品种已达40个，其中获得四川省“稻香杯”优质米奖的优质稻品种就有17个。

凉山州水稻产业发展已取得的主要成绩：

（1）“十一五”以来水稻种植面积一直稳定在110万亩左右。取得这一成绩不容易，因为种植水稻的比较收益不断下降，相当一部分原有的稻田都已改种经济作物。同时，单产有所提高，2010年平均亩产达到483公斤，总产量达到54.05万吨。

（2）水稻生产的区域化布局更加合理。凉山州根据区域化布局、规模化生产的原则，因地制宜调整水稻生产布局，以安宁河流域为主，集中建设优质水稻生产基地，大力发展优势水稻产业带。据2010年的统计，全州国标三级以上的优质稻面积71万亩，产量35.6万吨，其中安宁河流域四县一市的优质稻面积为60.4万亩，占全州优质稻面积的85.1%，四县一市的优质稻产量为31.2万吨，占全州优质稻产量的87.6%。

（3）标准化生产得到进一步推广。根据品种特性，按照标准化要求，实行优化栽培，是凉山州所采取的充分发挥优质水稻品种品质优势的重要技术措施。

（4）创建了一批优质稻米品牌，自产优质米市场份额逐年提高。凉山州已有17个水稻品种被评为四川省“稻香杯”优质米，4个品种获“稻香杯”一等奖。

（5）“订单生产”初具规模，产业化开发能力有所提高。

凉山水稻产业进一步发展面临的主要问题：

（1）随着经济社会的发展、流动人口和常住人口的较快增长以及稻米加工外销量激增，稻米生产总量不足的问题开始显现。

（2）稻米品质尚不能完全满足市场需求。凉山州的优质稻品种虽然多，但是全国性的知名品牌缺乏，稻米精深加工能力也严重不足，加之无公害化和绿色化理念才初步形成，水稻产业全过程全面质量控制体系尚不健全，因此稻米的品质结构、品种结构仍不能满足市场需要。

（3）水稻产业的产业化经营水平不高。主要问题是产业链条利益联结不紧密，“公司+基地+农户+技术服务”的经营模式不完善，不能充分体现优质优价的发展原则，公司、基地、农户三者之间的黏合力不够，订单农业发展不足，参与主体尤其是农户的利益无法保障，农户和企业履约率低。同时，凉山州农民合作组织发展滞后，也制约了包括水稻产业在内的农业各产业的产业化经营水平的提高。

（4）水稻生产的比较收益低且呈下降趋势。近年来劳动力价格和农资价格等要素成本的快速上升，抵销了粮价上涨和农业补贴带来的收益，再加上种植经济作物的收益或外出打工的收入都明显高于种粮收益，导致了水稻生产的机会成本高且呈上升趋势而比较收益低且呈下降趋势。

（5）水稻生产的技术推广体系不健全，技术力量薄弱。

未来凉山州发展水稻产业的思路应当是：走内涵式提升为

主外延式扩大为辅的道路，加快科技兴粮步伐，采取综合措施，不断提高水稻综合生产能力，不断提高水稻产业的经济效益、社会效益和生态效益，为确保实现在凉山州推进工业化、城镇化、农业现代化进程中粮食总供求基本平衡这一重要目标奠定基础。凉山水稻产业发展，要以发挥比较优势为前提，以科技创新为根本措施，以高产、优质、高效、生态、安全为核心目标，以优质稻生产基地建设和优势产业带发展为基础，以促进产业化经营和效益提高为动力。

2. 优质马铃薯产业

马铃薯是集粮食、蔬菜、饲料、加工原料于一身的重要作物，因其营养价值丰富，被誉为“地下苹果”和人类的“第二面包”。马铃薯的综合营养成分优于稻谷、麦类、玉米等作物，已成为21世纪十大热门营养健康食品之一。马铃薯又是重要的加工原料，通过深加工生产出来的产品具有广泛的用途。目前国内对变性淀粉、精淀粉、全粉等马铃薯加工产品需求巨大。同时还要看到，马铃薯产品是加工增值幅度大的产品，和鲜薯相比，加工成精淀粉产值增加1倍，加工成变性淀粉、全粉产值增加1.2~1.5倍，加工成薯条、薯片、膨化食品等快餐食品，产值增加2~5倍。由此可见，凉山州发展马铃薯产业具有广阔的市场前景和良好的效益。

凉山州立体气候特征明显，自然条件优越。独特的光热资源，使凉山的粮经作物单产高、质量优，很适合发展马铃薯产业。凉山州的自然条件适宜在不同季节生产不同用途的马铃薯，一年四季均可种植。凉山州生产的马铃薯块大、耐贮藏、淀粉含量高（平均在16%以上）、干物质含量高（平均在24%以上），质量较优。目前凉山州马铃薯平均亩产才接近1600公斤，但凉山种植马铃薯的最高亩产已达到3000公斤，说明其增产潜力巨大。凉山州马铃薯的种植面积已占到山区粮食种植面积的

40%以上，产量、产值则占到50%以上。马铃薯是全州种植面积最大、涉及农民人口和贫困人口最多的粮经作物。由于自然条件优越、品质品种优势明显、群众基础好、比较效益显著、开发前景广阔，再加上政府重视、政策支持等原因，凉山州马铃薯产业发展迅速，凉山州已成为西南地区马铃薯种植面积在百万亩以上的三个州（市）之一。从马铃薯的种植面积、产量、商品量、经济效益这四项指标来看，凉山州的这四项指标都排在四川省第一位。

凉山州马铃薯产业已取得的发展成效主要表现在：①种植规模不断扩大。2010 年全州马铃薯种植面积达到 218.5 万亩，比 2005 年增加 107.82 万亩，2012 年种植面积进一步增加到 240 万亩。②产量、效益连创新高。2010 年，全州马铃薯产量达到 344.49 万吨，比 2005 年增加 188.17 万吨，增长 1.21 倍。2010 年，马铃薯产业的产值达到 27.56 亿元，比 2005 年增加 21.32 亿元，增长 3.42 倍。2012 年，全州马铃薯产量进一步增长到 390 万吨，薯农的马铃薯销售总收入达到 20.34 亿元。马铃薯产业不仅已经成为凉山州重要的粮食产业，而且已经成为凉山州重要的富农产业。③加工营销能力迅速提高。“十一五”以来凉山州的马铃薯加工能力提高迅速，特别是大型加工企业从无到有，目前全州共有大中小型马铃薯加工企业 134 家，其中大型加工企业 15 家，年鲜薯加工能力已达到 130 万吨以上，比 2005 年增加了 100 多万吨。同时，凉山州马铃薯产业的营销能力也快速提高。目前，全州已有马铃薯专业合作社 66 个，有马铃薯营销大户 115 户、马铃薯产品经纪人 1000 多人，有力地开拓了营销市场，拓宽了销售渠道，使凉山马铃薯远销全国 30 多个大中城市。④新品种选育成效显著。近年来，凉山州共育成马铃薯新品种 7 个，占四川省审定的马铃薯新品种的一半以上。⑤标准化生产面积迅速扩大。按照“高产、优质、高效、生态、安全、专用”的要求，凉山州坚持以标准化推动马铃薯产业上台阶，到2010年已建成152万亩全国最大的绿色食品原料马铃薯标准化生产基地。⑥品牌建设扎实推进。2009年5月登记“凉山马铃薯”地理标志，2011年7月注册“凉山马铃薯”证明商标，此外全州马铃薯加工产品的注册商标已有10个。

凉山州马铃薯产业进一步发展面临的主要问题：①种薯生产还比较弱，原原种生产数量不足，适合不同生态条件的高产优质抗病品种缺乏，同时良种推广机制也不健全。②标准化生产虽然发展较快，但是发展并不平衡。③营销市场建设滞后。凉山州目前尚无马铃薯专业批发市场，没有稳定的交易集散中心，给外地客商和本地营销大户都带来不便。④龙头企业深加工能力弱，带动作用还不强。凉山州现有的马铃薯加工制品主要是精淀粉、粗淀粉、粉条等低端产品，以精淀粉为原料加工生产下游产品的开发能力弱，产业链条短，附加值不高。龙头企业带动作用还不显著，加工企业订单生产面积较少，与农民利益联结机制尚未完全形成。⑤马铃薯生产机械化程度低，生产过程几乎未使用先进的农机具。⑥贮藏设施严重缺乏，既造成经济损失，又影响原料供应和产品加工。

未来凉山州发展马铃薯产业的思路应当是：以建设现代农业为基本要求，加快转变马铃薯产业发展方式，以促进农民增收为主要目标，提高马铃薯产业的综合生产能力、抗风险能力和市场竞争力，推进种薯良种化、种植规模化、生产标准化、经营产业化、产品品牌化，着力在良种化、产业化、品牌化三方面不断取得新突破，力争通过较长时间的努力，把凉山打造成“中国绿色食品马铃薯之都”。

3. 优势特色荞麦产业

荞麦是一种药食兼用作物，被誉为21世纪人类理想的功能性食物资源。据中国医学科学院测定，荞麦中含蛋白质10.6%、脂肪 2.5%，含有 19 种氨基酸、9 种脂肪酸，其营养成分远远高于大米和小麦，仅次于牛奶。其所含钙、磷、铜、锌等矿质元素是稻米和小麦的 2~3 倍，还含有多种微量元素和多种维生素。

凉山州具有发展荞麦产业的独特优势。凉山 17 个县市处于海拔 1500~3500 米的区域，春、夏、秋三季均可种植苦荞，常年种植面积上百万亩，可开发利用面积 300 万亩，有着巨大的发展潜力。凉山州发展荞麦，土地资源丰富，日照充足，雨热同期，病虫害种类少且发生程度偏轻。凉山州荞麦（特别是苦荞麦）主要种植在海拔 2000 米以上的高寒地区，远离工业区，工业污染少，大气、水质良好，环境质量高，农药使用量少。目前凉山州苦荞年均产量 12 万吨，占全国总产量的一半左右。世界荞麦专家比较一致地认为：中国西南地区和青藏高原东部的接壤地带，是世界荞麦的起源中心和遗传多样性中心。从地理位置和考察实证的结果看主要是川滇结合部的金沙江流域，而凉山州正处于其核心地带。全世界荞麦有 15 个种 2 个变种，凉山州就有 10 个种 2 个变种。中国农科院种质资源库档案中的苦荞资源为 879 种，其中来自凉山的苦荞资源就有 700 多种，占 80%以上。中国是世界唯一的苦荞起源国和大面积种植国，凉山是中国苦荞麦主要发源地和最大主产区，所以说“世界苦荞在中国，中国苦荞在凉山”。凉山是世界苦荞麦资源最丰富、种类最多、分布最集中、种植最广泛、产量最大、品质最优良、种植历史最悠久的主产区，被誉为“苦荞麦之乡”，是名副其实的“世界苦荞之都”。

凉山州荞麦产业已取得的发展成效主要表现在：①加强了苦荞麦新品种的培育，先后选育成功高产、优质、抗逆的“川荞系列”和“西荞系列”新品种。②在全国率先制定和出台了苦荞麦生产技术规程、技术规范、无公害苦荞地方标准，推动了荞麦产业的标准化进程。③通过深入开展高产创建活动，提高了荞麦单产。目前，在高产创建示范区，春荞平均亩产已达200公斤以上，秋荞平均亩产已达150公斤以上。④积极实施优质品牌战略，提高了凉山苦荞的品牌效应和知名度。凉山苦荞麦于2010年获得国家农产品地理标志，凉山州甘洛县获得“中国黑苦荞之乡”地理标志。凉山州有5个县获批“四川省无公害荞麦生产基地”，有2家荞麦加工企业的产品获得“四川省著名商标”，还有2家荞麦加工企业的产品获得“四川名特产品”称号。

凉山荞麦产业进一步发展面临的主要问题：①认识不足。由于苦荞麦属小宗粮食作物，在国家和地方政府没有将荞麦纳入粮食补贴、良种补贴和重要经济考核指标的情况下，部分地方对荞麦产业的特殊优势和发展前景缺乏足够认识，工作抓得不够，影响了农民种植和投入的积极性。②产业体系不完善。科研、推广、基地、农户、企业、市场等关键环节和产业链条没有形成紧密联系和完整体系，州县之间、部门之间还没有形成抓大做强苦荞产业的协调运作机制。③品种混杂退化。凉山州苦荞品种有几十个，既是优势又是劣势。由于没有统一的良种繁育和推广体系，农民多数是自留种，品种杂乱，退化严重。④科技投入不足，缺乏科研基地，研发条件较差。⑤农民广种薄收。由于苦荞价格偏低，影响了农民种植的积极性，所以一般都是广种薄收。⑥没有加工园区。由于没有统一的加工园区，大多数企业租房加工，分布散乱，环境条件和基础设施差。⑦产品简单重复。苦荞产业的资金、技术、设备、工艺、标准门槛过低，多数加工企业设备简陋，产品单一，趋同性强。产品主要集中在苦荞茶产品上，产品种类不多，科技含量不高，资源开发不深，综合利用不够，产品附加值较低。⑧内部竞争激烈。

未来凉山州发展荞麦产业的思路应当是：按照“政府引导、

政策扶持、企业为主、带动农户”的思路，坚持高产、优质、高效、生态、安全的可持续发展方向，加强规划指导，优化产业布局，强化产业基础，加快技术进步，创新经营体制，完善产业体系，强化管理服务，规范市场秩序，做大做强企业，打造世界品牌，促进苦荞麦产业转型升级，全面提升产业层次和竞争力。

（二）加快发展特色经作产业

1. 优质烟叶产业

凉山是全国优质烟叶的重要产区。凉山种烟区日照充足，年日照时数 2333 小时；热量丰富，≥10℃的年积温 5540℃，无霜期 265 天，气温年较差小、日较差大；雨量充沛，年降水量 1066 毫米，夜雨率占 70%～80%；种烟土壤以紫色土、红壤、新积土、水稻土为主，PH 值 5.5～7.3。因此，凉山具有发展山地“清甜香型”优质烟叶得天独厚的自然条件。凉山州是四川省三大牧区之一，烟叶生产集中的低中山地是牲畜分布较多的区域，烟农大量使用天然有机农家肥，耕地有机质含量高，土壤质地疏松，矿质养分丰富协调，农药使用相对较少，面源与烟叶基本无农药残留，具有保持山地“清甜香型”优质烟叶特色的良好生态条件。在耕地资源方面，凉山有最适宜种植烟叶的耕地 350 万亩，凡海拔在 1300～1800 米的区域，都属优质烟叶生产的最适生态区域。在能源资源方面，凉山州能源丰富，可为烟叶机械化烘烤提供充足能源。除了资源优势之外，凉山州优质烟叶产业发展还具有较多有利的社会经济条件。①在四川建设全国重要的战略性优质烟叶基地和“两烟强省”的战略定位中，凉山优质烟叶产业具有特殊重要的地位。②市场优势明显。凉山“清甜香型”优质烟叶已进入全国卷烟生产原料的主流市场、主要品牌和主要配方，目前卷烟工业企业对凉山优质烟叶的年需求量已接近 300 万担。③发展机遇难得。自 2007 年国家烟草专卖局对凉山烟区进行深入考察和调研后，决定大力支持凉山现代烟草农业的发展，把凉山建成国家重要的战略性的优质烟叶生产基地，并提出凉山烟叶生产要实现规模化种植、集约化经营、专业化分工、信息化管理，努力实现由传统烟叶生产向现代烟草农业转变。这就为凉山烟叶产业的发展带来了重大机遇。从 2007 年以来，凉山烟叶产业投入大幅增长，技术创新和管理创新的步伐加快，凉山现代烟草农业的雏形已经形成。④技术服务体系比较完善。由烟草行业烟叶科、烟叶生产技术应用推广中心、三个烟草实验站和基层烟叶站点构成的烟叶生产技术服务网络，以及由州县市农业局、乡镇农技服务中心构成的农技服务网络，组成了烟叶生产技术服务体系。⑤组织指挥体系和后勤保障体系比较健全。⑥生产组织形式有一定程度的创新。2010 年全州发展烟叶种植合作社（互助组）2646 个，种烟大户 8560 户，家庭农场 62 个，全州户均种烟规模 11 亩。⑦劳动力资源充足。凉山烟区有农村劳动力 198 万人，其中烟农劳动力 44.7 万人，可为劳动密集型的烟叶生产提供充足的劳动力资源。

由于凉山州优质烟叶产业具备了上述有利的自然条件和社会经济条件，所以这几年发展速度加快，发展质量和效益提升，发展成效显著。比如，2006—2010 年，凉山烟叶总产量从 206.6 万担增长到 268.5 万担，烟农收入从 12.32 亿元增长到 18.84 亿元，烟叶税利从 7.07 亿元增长到 11.41 亿元。又比如，目前凉山州已建成基本烟田 300 万亩，年种植面积在 100 万亩以上，生产烟叶 300 万担以上，烟叶复烤能力达 300 万担以上。凉山州烟叶生产规模已排列全国市州第二、全省第一，凉山州已成为四川最大的优质烟叶生产基地并正在着力建设国家重要的战略性的优质烟叶生产基地。大凉山“清甜香型”优质烟叶获得“国家地理标志保护”和第九届“四川省名牌产品”称号。

凉山烟叶产业进一步发展需要解决的主要问题：第一，基本烟田基础设施建设与现代烟草农业发展仍不相适应。第二，彻底转变传统的烟叶生产模式，已成为建设现代烟草农业的关键性问题。第三，烟农队伍总体上年龄偏大，科技文化素质偏低，烟叶产业管理队伍的综合素质和管理水平总体不高，烟叶生产者和管理者的素质与发展现代烟草农业的要求不相适应。第四，烟叶产业现有管理制度与发展现代烟草农业的要求仍不相适应，在管理目标、管理方式、管理手段、管理机制、管理效率等方面都还存在需要解决的问题。

未来凉山州发展优质烟叶产业的思路应当是：全面推进国家重要战略性优质烟叶基地建设，全面推进烟草农业现代化。积极运用现代科技和先进管理方法，围绕行业“卷烟上水平”的基本方针和战略任务，以建设现代烟草农业为统领，以满足品牌需求为导向，以烟叶基地单元为载体，按照“品牌导向、满足需求、整县推进、单元实施、系统设计、综合配套”的工作思路，切实抓好烟叶产业建设，全面提升现代烟草农业建设水平，努力实现原料供应基地化、烟叶品质特色化和生产方式现代化。通过现代烟草农业建设，做大做优做强凉山烟叶产业，从而构建起适应卷烟大企业、大品牌规模要求的原料供应体系，对全省乃至全国烟草行业的平稳健康发展发挥重要作用，对凉山发展现代农业和新农村建设做出重要贡献。

2. 优质蚕桑产业

蚕业是凉山州发展农村经济、增加农民收入的重要支柱产业。凉山蚕区分布在海拔 360~1800 米之间。凉山州独特的光热资源和气候条件非常适宜桑树生长，桑树当年生枝条可达 4. 5 米以上，桑树单株产叶量平均可达 4 公斤以上，一年能养 4 季蚕。凉山被蚕桑专家誉为“发展蚕桑不可多得的一块宝地”。从耕地条件看，凉山现有的38万亩桑园仅占耕地面积的5%左右，宜桑面积广，发展潜力大。同时，凉山州蚕业发展正面临下列多种机遇：一是绿色消费理念日益增强，市场需求日益旺盛，丝绸业已从传统的面料、服装向服饰、家纺等领域快速挺进，真丝领带、真丝围巾和蚕丝被等床上用品深受消费者喜爱。丝绸作为“天然皇后”仍然是高档消费的首选。二是“东桑、东茧、东丝”西移的格局正逐步形成，沿海丝绸加工业加快向内地转移。三是茧丝价格持续上涨，农民养蚕效益和蚕桑综合效益不断提高，蚕农积极性很高。四是省委、省政府支持凉山州发展的“一个意见，两个规划”中，支持蚕业发展的规划项目有7个，总投资超过4.3亿元，将有力推动凉山州蚕业快速发展。五是四川省“现代农业千亿增收工程”规划在攀西建设50万亩蚕业产业带，凉山州作为攀西地区重要的优质蚕桑产业基地，将承担主要建设任务。

凉山州蚕业发展已取得的主要成效：①基地建设加快推进。全州有13个县市发展蚕桑产业，养蚕农户9.8万户。到2010年，全州已建成产茧上千担的基地乡镇56个，基地乡镇蚕茧产量占全州蚕茧总产量的80%，成为凉山州蚕业发展的重要支撑。②蚕茧产量和蚕农收入大幅增加。2010年全州蚕茧产量达到41万担，比2005年净增13.4万担，增长48.6%，蚕桑和茧丝综合产值达到18.97亿元，其中蚕农收入6亿元，比2005年增加3.23亿元，增长116%。“十一五”期间，全州蚕农累计收入达到22.38亿元。凉山蚕业已成为农民增收离不得、企业增效缺不得、财税增源少不得的支柱产业。③蚕种繁育体系建设取得重大突破。2010年，全州生产优质蚕种70万张，占全省蚕种生产总量的54.6%，合格率达99.7%。“十一五”期间，全州累计生产优质蚕种410万张。凉山州成为全省规模最大、质量最好的优质蚕种生产供应基地。④蚕业标准化生产有力推进。“十一五”期间，凉山州制定实施了《凉山州桑蚕饲育技术规程》等6个地方标准。⑤产业链延伸取得新进展。凉山州已初步形成由蚕种生产、蚕种冷藏、蚕茧收烘、生丝加工及丝棉被生产、桑葚果汁加工等环节组成的综合产业链条。

凉山州蚕业进一步发展的主要制约因素：第一，蚕业生产基础仍然薄弱，抗御自然灾害能力不强。第二，农村青壮劳动力大量外出务工，养蚕劳动力数量少、质量不高。第三，投入机制不优，产业化水平不高。凉山蚕业发展尚未建立起长效的投入机制，同时深加工滞后，“茧多丝少绸零”是基本现状，产业化水平有待提高。第四，蚕业发展的体制性壁垒尚未消除。茧丝行业管理体制改革尚未完成，新旧两种体制交织，造成多头管理和运行机制多样。

未来凉山州发展蚕业的思路应当是：以基地建设为基础，以科技兴蚕为重点，以蚕业增效和蚕农增收为目标，夯实产业基础，优化产业布局，落实科技措施，创新发展机制，延伸产业链条，推进蚕业规模化发展、标准化生产、产业化经营，把凉山州建成四川省规模最大、质量最好、效益最优的优质蚕种、优质蚕茧、优质生丝及其深加工产品以及蚕桑高效综合开发利用基地。

3. 优质水果产业

凉山气候的多样性，带来生物种类的多样性。就果树而言，凉山野生和栽培果类品种众多，从热带亚热带到温带水果一应俱全，应有尽有，被水果专家誉为“中国水果缩影区域”。正因为如此，凉山被确定为四川省名、特、优水果的重要生产区和规划发展区。会理石榴、盐源苹果、雷波脐橙、早熟梨都是凉山原产的优质特色品种，此外凉山还有众多优质特色小水果。近10多年来，凉山水果产业发展迅速，成效明显。2000—2012年，水果种植面积从65.7万亩增加到97.19万亩，产量从

23.03 万吨增长到 97.48 万吨，产值从 2.95 亿元增长到 32.78 亿元。

凉山水果产业发展存在的主要问题：一是投入不足，基础设施建设滞后，单产低。二是水果生产区域布局、果类结构、品种结构不合理。三是良繁体系不健全，苗木生产不规范。四是水果营销体系不健全。五是水果加工增值能力低，加工体系薄弱。

未来凉山州发展水果产业的思路应当是：创新发展模式，提高发展质量，按照“加快、调优、强化、提升”的发展战略，根据市场需求，加快发展特色水果，将资源优势转化为市场优势。优化品种结构，创建品牌，构建具有特色的现代水果产业体系。着力提升水果加工增值能力，强化市场营销，提高水果产品的市场竞争力和占有率，促进凉山特色水果产业的整体素质和质量、效益不断提升。

4. 早市和反季节蔬菜产业

凉山光热条件优越，素有天然温室之称，非常适合发展早市、反季节和地方特色蔬菜。表现为产量高、品质优、上市时间可调节，蔬菜种植环境优越，是四川省重要的早春特色蔬菜和夏秋绿色蔬菜错季生产和规划发展区域。近 10 多年来，凉山蔬菜产业发展成效显著。2000—2012 年，蔬菜种植面积从 33.07 万亩增加到 97.61 万亩，产量从 49.1 万吨增长到 231 万吨，产值从 4.47 亿元增长到 43.94 亿元。蔬菜产业已成为凉山农民增收的骨干产业，凉山已成为四川重要的蔬菜生产和供应基地。

凉山蔬菜产业发展存在的主要问题：一是以农户自主种植为主的传统生产模式仍占主体地位，尚未形成规模化、集约化优势。二是种植技术和标准不高。三是产业化程度低。四是无公害、绿色理念不强。五是设施蔬菜栽培发展滞后。

未来凉山州发展蔬菜产业的思路应当是：以市场为导向、

科技为先导、增收为目的，扩大生产规模，突出“错季”和“绿色”两大优势，优化区域布局、品种结构和品质结构，提高产量、质量、效益和产业化水平；按照自给与外销并重、鲜销与加工并重、露地生产与设施生产并重、数量与质量并重的原则，全面提升凉山州蔬菜产业科技水平、单产水平和质量安全水平，把凉山州建成四川省重要的绿色、特色、错季蔬菜产业基地。

5. 特色花卉产业

凉山州优越的自然条件，使得世界上大宗商品花卉在这里都能找到适宜的生长地。凉山州生产花卉的自然生态条件比昆明好，比广州优，是花卉种植的天然宝地，是生产最优品质的盆花和鲜切花的理想之地。凉山优质花卉产品具有基杆粗壮、叶片肥厚、花色艳丽的鲜明特点。凉山州花卉产业的发展已初具规模，并取得明显效益，到 2010 年，全州花卉种植面积已达 1 万亩，产值超过 1 亿元。凉山目前已种植花卉品种 300 多个，从事花卉生产的企业有 40 多家，所产鲜切花、盆花 80%远销全国多个大中城市，并有 15%左右出口。同时，凉山花卉产业的品牌建设也取得进展。凉山州花卉先后参加了全国花卉“五博会”“六博会”、历届“西博会”和四川首届“花博会”，共获得 16 个国家级奖牌、40 多个省级奖牌。凉山州西昌市被授予“中国花木之乡”称号，被列为四川五大花卉主产区之一，是四川省花卉基地示范市。

凉山花卉产业发展面临的主要问题：一是认识不足，扶持不够。二是融资困难，投入不足。三是营销服务体系建设明显滞后。四是运输瓶颈制约发展。五是产品科技含量不高。六是面临的市场竞争日益激烈。

未来凉山州发展花卉产业的思路应当是：以优化布局为基础，以提高效益为核心，以满足市场需求、促进农民持续增收为目标，把花卉产业发展与现代农业、休闲农业、生态农业发展和新农村建设结合起来，通过培育龙头企业和专业合作社，强化科技创新，完善物流服务，健全市场营销体系，打造花卉品牌，大力推进花卉产业的专业化、设施化和品牌化，不断提高花卉产业的整体竞争力和综合效益。

（三）加快发展现代林业

林业产业是涉及国民经济一、二、三产业的复合型产业体，具有基础性、多样性、生态性、战略性的特点，涵盖范围广，产业链条长，产品种类多，是一个富民、生态、低碳、可循环发展的产业。加快发展凉山现代林业产业，对于不断改善民生、促进绿色增长、实现生态立州具有重要意义。

凉山州发展现代林业产业，具有区位优势明显、林业资源丰富、光热条件优越、生物品类富集、森林生态旅游资源独具魅力等突出的比较优势。以林业资源为例，凉山州是四川省三大重点林区之一，全州林业用地面积占全州总面积的 66.5%，活立木总蓄积达 2.63 亿立方米，占全省的 15.2%，林业用地与非林业用地之比为 6.4∶3.6。此外，凉山州尚有近 1000 万亩无林地可供造林绿化，近 200 万亩 25 度以上的坡耕地需要退耕还林，是全省林业生态建设和林业产业发展的重点地区之一，林业发展空间广、潜力大。“十一五”以来，凉山州林业产业发展加快，2011 年全州林业产业总产值已达到 58.8 亿元，较 2005 年实现了翻番。农民从林业上获得的收入达到人均 830 元。全州工业原料林基地、特色经济林基地、林药林化原料林基地等林业产业基地建设总规模达 1500 万亩，全州林业产业总投入达 37 430.3万元，全州农民林业专业合作社有 12 个，年收入 500 万元以上的林业产业化龙头企业有 5 个。

但是，凉山州林业产业发展还有诸多问题亟待解决。从总体看，凉山林业经济总量小，比重低，缺少优势支柱产业，林业总产值仅占全省的4.1%，在全省排名第9位，与森林资源大州地位极不相称。从发展环节看，林业基地建设品种混杂，苗木质量差，良种使用率低，林地生产力不高，且经营管理水平低；加工粗放，产业链短，资源利用率低，产品附加值不高；林业专合组织、中介服务机构发展滞后，基地生产与产品加工脱节，林农与加工龙头企业利益联结机制不畅，产业组织化程度不高；科技投入少、研发少、成果少，推广转化利用差，品牌创建意识弱，市场竞争力不强；投入不足，政策不完善，机制不活，社会参与林业产业发展的积极性尚未充分调动起来。

未来凉山州发展现代林业产业的思路应当是：充分发挥凉山州林业发展的比较优势，切实转变林业经济发展方式，以繁荣农村经济、增加农民收入为核心，以培育现代林业产业基地为基础，以加工利用为龙头，以现代科技为支撑，加快发展特色优势林业产业，最大限度地满足经济社会发展对林产品和生态服务的多样化需求，积极推进现代林业产业发展，促进由传统数量林业向现代效益林业转变，由林业资源大州向林业经济强州跨越。

根据上述发展思路，既遵循凉山州“十二五”林业发展规划，又全面分析凉山州现代林业产业的发展条件、发展机遇和发展趋势，可以首先把凉山州现代林业产业的阶段性发展目标和发展重点确定下来。这些阶段性发展目标和发展重点是：第一，到2015年，全州林业总产值突破100亿元，力争达到130亿元，进入全省排名前五位，农民人均从林业上获得收入1500元以上；到2020年，全州林业总产值突破250亿元，力争达到300亿元，进入全省排名前三位，农民人均从林业上获得收入3000元以上。第二，加快培育大基地。以核桃、青（红）花椒、油橄榄等为重点的特色优势经济林基地总规模2015年达到

300 万亩以上，2020 年达到并稳定在 500 万亩左右；以云南松、华山松、桤木、杨树及珍贵树种等为重点的速生丰产用材林基地总规模 2015 年达到 1200 万亩以上，2020 年达到并稳定在 1500 万亩左右；以红豆杉、黄连等森林药材和麻疯树生物质能源林为重点的林药林化原料林基地总规模 2015 年达到 100 万亩，2020 年达到 150 万亩以上。第三，加快培育大产业。特色经济林优势产业 2015 年产值达到 75 亿元，2020 年产值达到 135 亿元，把凉山州特色经济林产业培育为四川最大的经济林产业；木材精深加工产业 2015 年产值达到 20 亿元，2020 年产值达到 50 亿元，把凉山木材加工业建设成为攀西地区最大的木材精深加工产业；以华山松籽、中华块菌、松茸、森林蔬菜等为重点，打造绿色、无公害森林食品加工企业，2015 年产值达到 8 亿元，2020 年产值达到 20 亿元，把凉山森林食品产业建成全省最大的森林食品产业；林药林化产业 2015 年产值达到 3 亿元，2020 年产值达到 10 亿元；生态旅游产业的发展应当以自然保护区、森林公园、湿地公园、村镇绿化为载体，着力打造大熊猫、森林、湿地、乡村四大生态旅游品牌，到 2015 年实现生态旅游收入 30 亿元，到 2020 年实现生态旅游收入 75 亿元。第四，未来一段时期要加快推进凉山林业产业的品牌培育创建工作。第五，未来一段时期要加快推进凉山林业产业的标准化体系建设工作。

（四）加快发展现代畜牧业

凉山州是四川省的三大牧区之一，发展现代畜牧业，资源丰富，优势明显。凉山州气候总体温和，光热水土资源丰富，无霜期长，牧草生长期长，适宜生长或种植高产的牧草品种。凉山州有天然草地 3617 万亩，占全州总面积的 40.1%，其中可利用草地 2980 万亩，牧草品种有 2100 多个，其中可利用牧草占 80%以上。2011 年经过对天然草地干草产量的测算，凉山天然草地理论载畜量为983.33万个羊单位，同时还有一类同天然草地有紧密联系的特殊草地即天然草地的附带地（包括林下草地、农隙草地、轮歇草地），全州有附带草地约1400万亩。该类草地的产草量虽然低，但仍是饲草资源的重要补充。除天然草地外，凉山州长期坚持进行人工草地建设。现在全州人工草地建设面积总规模已达330万亩以上，人工草地的平均干草量已达每亩660公斤。在饲草饲料资源方面，还要看到凉山州农作物种类多、产量高，农产品的副产物和秸秆资源十分丰富。总之，凉山州丰富的饲草资源为把凉山建设成四川最大的草食畜生产基地提供了前提条件，这是发展凉山现代畜牧业的一大优势。在畜禽品种资源方面，凉山州发展现代畜牧业的优势也很明显。凉山州引进的、原产的和原产改良的畜禽优良品种众多，包括波尔山羊、南江黄羊、川中黑山羊、成都麻羊、川南黑山羊、北川白山羊、凉山半细毛羊、建昌黑山羊、美姑山羊、藏系绵羊、木里牦牛、九龙牦牛、麦洼牦牛、凉山黄牛、德昌水牛、凉山黑猪、西昌钢鹅、建昌鸭、金阳丝毛鸡、岩鹰鸡、泸宁鸡等。凉山原产的地方良种建昌黑山羊、美姑山羊、西昌钢鹅、建昌鸭、凉山黑猪、金阳丝毛鸡、岩鹰鸡、泸宁鸡等已列入四川省畜禽遗传资源保护名录，其中建昌鸭和金阳丝毛鸡已列入国家级畜禽遗传资源保护名录。在上述资源优势和品种优势的基础上，凉山发展现代畜牧业还具有其他多种有利因素，比如政策扶持有力、需求空间巨大、发展机遇独特等。就政策扶持有力而言，“十一五”期间四川省政府先后出台了《关于加快发展现代畜牧业的意见》《关于深化试点加快推进现代畜牧业发展的意见》，凉山州也出台了配套的政策措施，形成了支持发展现代畜牧业的良好政策环境。就需求空间巨大而言，目前我国居民人均动物性蛋白摄入量远低于世界发达国家水平，特别是农村人口畜产品消费水平更低。今后，随着我国工业化、城镇化步伐的加快以及农民收入的继续提高，居民消费将进入新一轮的消费升级阶段，新增城市居民对畜产品的消费将快速增长，农村居民的畜产品消费也将进入高峰期。就发展机遇独特而言，作为西部地区、民族地区、贫困地区的凉山的跨越式发展正面临重大发展机遇，比如四川省专为凉山州发展量身定做的“一个意见，两个规划”就把畜牧业发展纳入了规划中。

“十一五”期间，凉山州畜牧业立足州情，创新发展思路，紧扣农民增收、企业增效、产业增值主题，以机制创新、科技创新、品牌创新为动力，以“畜牧3550工程”为龙头，以调整结构为切入点，以畜牧科技示范园区建设为突破口，以实施畜牧增收项目和建设无公害畜产品基地为重要抓手，扎实开展现代畜牧业试点，畜牧业发展和现代畜牧业建设取得阶段性成效。

这些成效主要表现在：第一，生产总量稳步增长，产业地位显著提升。2010年，全州肉类、禽蛋、奶类产量分别达到66万吨、3.03万吨和3.98万吨，分别比2005年增长25.2%、30.63%和80.82%。全州畜牧业总产值达到124.47亿元，比2005年增长95.6%，占农业总产值的比重上升到44%，农民人均畜牧业现金收入1742元，占农民家庭经济现金收入的33.3%。畜牧业已成为凉山农业农村经济的重要支柱产业和农民增收的重要来源。全州人均四畜存栏、出栏和肉类占有量都高于全省人均水平，黄牛存栏、羊存栏、羊出栏、牛肉产量、羊肉产量、羊毛产量、皮张产量、人工种草面积这八项指标均居全省第一。第二，生产方式转变加快，产业发展水平上新台阶。畜牧业规模化、良种化、区域化和产业化进程出现加快趋势。到2010年，已累计建成畜牧科技示范园区412个，适度规模养殖户饲养的猪、牛、羊、禽出栏数，分别占到全州当年这四项出栏数的26.33%、23.4%、32.30%、47.80%。标准化生产也实现突破，到2010年建成了标准化规模养猪场（户、小区）171个，奶牛场（小区5个），养禽场3个。良繁体系建设加快，到2010年全州有种畜禽场23个，牛、羊、家禽良种面分别达到23.0%、71.36%、75.5%。畜牧业产业化经营发展较快，到2010年年底，全州有畜产品加工营销龙头企业36家，其中加工企业16家，年产值过亿元的企业2家，畜产品加工能力达到2.4万吨，其中精深加工能力达到1.28万吨。养殖专业合作组织有66个，龙头企业、专合组织及其他各种畜牧产业化经营组织共带动农户9.6万户。市场流通体系建设进一步加强，到2010年共建成205个交易市场，其中专业批发市场9个。同时，2010年还启动实施了五个县市的州级现代畜牧业试点，其中会理和西昌已列入省级现代畜牧业重点培育县市。总之，凉山畜牧业正在由产量扩张向产量、质量和效益并重转变。第三，投入力度加大。“十一五”时期各级政府对凉山州畜牧业的专项投资总额达到7.05亿元，是“十五”时期的2.28倍，畜牧业发展的基础设施条件得到改善。第四，草原保护建设步伐加快。组织实施了退牧还草、天然草原植被恢复与牧区“人草畜”三配套建设等重大工程，天然草原生态环境明显改善。

当前，凉山州发展现代畜牧业面临的主要问题是：第一，传统的养殖方式还占很大比重，畜牧业的规模化、产业化、市场化水平有待进一步提高。第二，畜产品区域性、阶段性、结构性短缺与过剩的矛盾并存，影响了畜牧业的稳定发展。第三，畜牧业养殖效益面临多方挤压，农民增收压力大。一是饲料价格上升；二是水、电、成品油、劳动力、防疫、环保、用地等费用上涨；三是畜产品价格上升空间有限；四是畜牧业产业链各主体利益分享与风险分担失衡，导致养殖环节承担的疫病风险和市场风险增大，结果是影响了畜牧业收入持续稳定增长，农民增收压力大。第四，畜产品安全隐患多，监控防范压力大。由于畜禽分散饲养的比重仍然较大，标准化程度不高，加之畜牧业产加销环节多，监管的质量标准、技术支撑、检验检测等体系还处于发展初期，所以畜产品质量安全隐患仍然不少。第五，动物疫病防控形势严峻，防控工作压力大。

未来凉山州发展现代畜牧业的思路应当是：继续坚持以农民增收、企业增效、产业增值为目标，以机制创新、科技创新、品牌创新为动力，加快养殖方式、资源利用方式和经济发展方式的转变，优化发展生猪产业，突破性发展肉牛肉羊产业，积极发展家禽奶牛产业，广泛开辟饲料资源，发展种养结合的循环经济，着力提高畜牧业良种化、标准化、规模化、产业化水平，切实保障动物卫生安全、畜产品质量安全和草原生态安全，加快现代畜牧业发展进程，推动凉山州由畜牧资源大州向畜牧经济强州跨越。

这一发展思路的关键环节是：第一，立足资源优势和现实基础，面向市场需求调整优化畜牧业结构。第二，依靠科技创新和体制创新，推动畜牧业生产方式和发展方式加快转变，促进现代畜牧业不断发展。第三，通过提高市场竞争力和产业化经营水平来提升产业综合效益，为此需要构建链条完善、功能强大、产业互动、多方共赢、良性发展的现代畜牧业产业体系。

（五）加快发展特色水产业

凉山州有较丰富的水面资源和鱼类资源，发展现代特色水产业有着较大潜力。就水面资源来讲，凉山境内河流众多，除金沙江、雅砻江、大渡河三大干流外，流域面积在 100 平方公里以上的河流有 140 多条，流域面积小于 100 平方公里的河流更多，共形成水面 75 万亩，其中可开发养殖水面 45 万亩。“十二五”期末，随着雅砻江官地水电站、锦屏水电站和金沙江溪洛渡水电站的全部蓄水，凉山州还将新增水面 23 万亩。此外，尚有可养鱼稻田 30 万亩、池塘 2.5 万亩，以及 50 多处有水产养殖开发价值的冷水、热水资源。就鱼类资源来讲，凉山境内现有原生鱼类68种，省级保护鱼类8种，主要经济鱼类17种，还引进了草鱼、鲤鱼、鲫鱼、鲢鳙鱼、江团、青波等优良品种。2012年，凉山州水产养殖面积为19万亩，水产品产量为2.37万吨，实现产值3.8亿元。全州从事水产养殖的农户8300户，渔业从业人员2.4万人，渔业人口3.1万人，从事水产养殖的农民人均纯收入4000元。显然，凉山州水产养殖业的规模还比较小，渔业收入水平也比较低，这种状况与凉山州丰富的渔业资源是不相称的，也说明凉山水产养殖业的发展明显滞后。

造成凉山特色水产养殖业发展滞后的原因是多方面的，但主要是：第一，对大力发展凉山水产业的重要性认识不够，导致政策支持力度小。实际工作中普遍存在重水电轻水产的现象，在水产发展的产业规划、资金投入、技术创新、管理创新、招商引资、市场营销等方面都还没有形成系统有效的支持机制。第二，传统水产养殖方式仍占主体地位，养殖效率低，渔民养殖收益低，产量不稳定，水产品质量安全难以完全保证。第三，宜渔水面开发利用程度低，且区域发展不平衡。目前凉山州宜渔水面绝大部分都未开发利用，造成水面资源的大量浪费，同时渔业发展出现严重的区域不平衡，安宁河流域的水产品产量占到全州的近90%。第四，水产养殖业的产业化、标准化、规模化、市场化建设严重滞后。第五，政府部门对水产养殖业的投入甚少，全州用于水产事业包括相关人员工资在内的年投入不足400万元，明显不适应水产产业发展的需要。第六，水产品深加工能力弱，产业链条短，附加值低，效益低。第七，渔业环境和种质资源保护工作边缘化，渔业执法难度大，资源补偿机制不健全。

加快凉山特色水产业发展，对于充分利用凉山水产资源，调整优化凉山农业结构，推进农村经济全面发展，促进凉山农

（渔）民收入持续增长等方面具有重大作用。必须看到的是，随着凉山州工业化、城镇化、农业现代化的加快推进，对水产品的数量需求将不断增长、质量需求将不断提高。应大力发展凉山现代特色水产业，为城乡居民提供高质量的水产品。

面向未来，凉山州发展现代特色水产业的思路应当是：调整政策，创新机制，加大投入，提升科技，以促进农（渔）民增收、确保水产品安全、优化产业结构、提高水产资源可持续利用为目标，加强水产业的规模化、标准化、产业化、市场化建设，促进水产养殖业发展方式的根本转变，建立起高产、优质、高效、生态、安全、特色精细的现代水产养殖业体系，从而把凉山特色水产业建设成为未来凉山农村经济中的一个新的支柱产业。

（六）加快发展农产品加工业

现代农业是"贸工农"紧密结合、"产加销"融为一体的多功能的产业体系，其中农产品加工业是现代农业的关键一环。发展农产品加工业，对于完善产业链、增加附加值，对于促进农业的专业化、产业化与市场化，对于引导农业产业结构调整优化，对于农业增效和农民、企业增收等方面都具有重大作用。现代农业的发展过程，同时也是农产品加工业向精深加工不断发展的过程。因此，应当把大力发展农产品加工业作为发展现代农业的一个重要突破口。对凉山州来讲，发展农产品加工业同样是发展凉山现代农业的重要突破口和重要内容。

1. 凉山州加快发展农产品加工业的主要有利条件

第一，农业自然条件优，农产品种植条件好。凉山州光热土资源丰富，日照充足，雨量充沛，立体气候特征明显，是各类动植物的基因库，是全国第二大优质烟叶生产基地，是四川省三大林区、三大牧区之一，州内的安宁河平原是四川省第二大平原，被誉为“川南粮仓”。优越的自然条件，丰富的农业资源，使得凉山州成为开发特色农业的理想区域，使得凉山州生产的农产品种类多、品质好、产量大，从而为发展农产品加工业提供了良好的基础。

以农产品产量为例，到“十一五”末的2010年，凉山州主要农产品产量已达到一定规模。具体情况是：烟叶268.5万担、马铃薯鲜薯344.5万吨、水稻54万吨、苦荞麦10万吨、蚕茧40.9万担、水果78.7万吨、肉类66万吨、蛋3.03万吨、奶3.98万吨、蔬菜199万吨、花椒1.9万吨、核桃3.7万吨、板栗8000吨、松籽4000吨、森林食品1万吨。再以对农产品产量、质量、品种都有重大影响的农产品生产基地建设为例，按照“十二五”规划的要求，目前凉山州正在大力建设优势粮食生产基地、优势经济作物生产基地、优势畜牧业生产基地和优势林业生产基地。

在优势粮食生产基地建设方面，一是以安宁河谷平原为依托大力发展优质水稻生产，到2015年全州水稻总产中优质稻总产量将增加到42万吨以上；二是充分发挥凉山州马铃薯生产的系列优势，比如生产马铃薯自然条件优越、已成功建成全国最大的绿色食品原料马铃薯标准化生产基地、马铃薯产量和商品量均居四川省第一位等，继续做大做强马铃薯生产基地，到2015年马铃薯鲜薯产量将提高到500万吨；三是充分发挥凉山州荞麦生产的独特优势，比如凉山是中国“苦荞麦之乡”、凉山苦荞产量已占全国一半以上等，做大做强荞麦生产基地，到2015年将全州苦荞总产量提高到12万吨。

在优势经济作物生产基地建设方面，一是充分发挥凉山州烟叶生产优势，比如凉山州已建成四川最大的优质烟叶生产基地，仍然在继续建设全国重要的战略性优质烟叶生产基地，到2015年全州将建成基本烟田400万亩并生产烟叶400万担；二是充分发挥凉山州蚕桑生产优势，比如凉山州正在建设全省生产规模最大、全国质量最好的优质蚕茧和优质蚕种生产供应基地，到2015年将生产优质蚕茧50万担、优质蚕种80万张；三是充分发挥凉山州水果生产、早市和错季蔬菜生产、特色花卉生产优势，到2015年全州水果种植面积将达到100万亩、总产达到100万吨，蔬菜种植面积将达到96万亩、总产达到230万吨，特色花卉种植面积将达到5万亩。

在优势畜牧业生产基地建设方面，凉山州正在发挥作为全省三大牧区之一的畜牧业资源优势，加快建设凉山优质瘦肉型猪、优质肉牛、优质山羊、优质绵羊、优质乳品、优质生态肉鸡和优质肉鸭生产基地，到2015年基地将出栏优质瘦肉型猪330万头、优质肉牛20万头、优质山羊135万只、优质绵羊110万只、优质生态肉鸡1500万只、优质肉鸭1000万只、其他家禽1000万只，同时，奶牛存栏数将达到1万头、产奶量达到3万吨以上。

在优势林业生产基地建设方面，凉山州正在发挥作为全省三大林区之一的林业资源优势，到2015年将建成以核桃、青（红）花椒、油橄榄等为重点的特色优势经济林基地300万亩，以云南松、华山松、桤木、杨树及珍贵树种等为重点的速生丰产用材林基地1200万亩，以红豆杉、黄连等森林药材和麻疯树生物质能源林为重点的林药林化原料林基地100万亩。

还需要指出的是，凉山州近年来加快了农业产业结构调整步伐，既调整了农业产业的区域结构，又调整了农业产业的部门结构，其结果将进一步加快特色农业产业发展，不断增加特色优质农产品的供应量。

第二，多重发展机遇叠加。目前凉山州农产品加工业发展面临多重机遇，其中的主要机遇：一是宏观政策环境更加有利。国家出台了一系列加强宏观调控、扩大国内需求的政策，实施了包括新一轮西部大开发战略在内的区域发展战略和行业振兴规划，强农惠农富农政策力度不断加大，这些都为加快发展农产品加工业提供了良好的宏观政策环境。二是需求拉动将更加强劲。目前，我国人均GDP已超过6000美元，进入上中等收入国家行列，消费升级不可避免，居民消费结构将日益呈现出高档化、多样化、个性化趋势。随着工业化、城镇化和农业现代化进程的加快，城镇人口在超过农村人口后还会继续增长，这无疑也将助推消费需求扩张和消费结构升级。总之，城乡居民收入水平、消费水平的稳步提高，为加快发展农产品加工业提供了持续拉动的需求动力和不断发展的巨大空间。三是支持、帮扶凉山州发展的政策更加具体、明晰、有力。国家制定实施的《乌蒙山片区区域发展与扶贫攻坚规划》《攀西地区战略资源创新开发试验区建设规划》，以及四川省制定实施的《关于加快推进彝区跨越式发展的意见》《安宁河谷地区跨越式发展总体规划》《大小凉山综合扶贫开发规划》《四川省金沙江下游沿江经济带发展规划》，都是有利于凉山发展、促进凉山发展、加快凉山发展的重大政策，这些重大政策的实施无疑将有利于凉山州农产品加工业的发展。

第三，市场前景广阔。凉山州农业自然资源条件优越，农业自然环境得天独厚，凉山农产品特色鲜明、品质较优，因此，凉山农产品加工业必然有着广阔的市场发展前景。比如，凉山烟叶、凉山茧丝早已走俏国内市场，凉山苦荞茶、凉山鸡精、凉山乳品畅销四川，凉山石榴浓缩汁不仅在国内销售，还远销欧美。再比如，可以把凉山马铃薯产业作为一个典型来分析，从中就可看出凉山特色农产品加工业的广阔市场前景。就用途而言，马铃薯鲜薯不仅可以直接充当粮食、蔬菜、饲料，还是重要的加工原料，通过深加工可以生产精粉、变性淀粉和全粉、薯条、薯片等，在食品、医药、纺织、印染等领域具有广泛的用途。目前，国内每年使用变性淀粉总量超过 100 万吨，大部分依赖进口；需要马铃薯精淀粉 80 万吨，全国年产量仅 30 万吨，60%依靠进口；马铃薯全粉需求量约 3 万吨，生产量只有 1 万多吨；此外，每年需进口薯条 10 万吨。由此可见，国内马铃薯加工产品尤其是精深加工产品的市场空间极为广阔。凉山州的自然条件特别适合马铃薯生产，四季均可种植。目前，凉山州已建成全国最大的绿色食品原料马铃薯标准化生产基地。凉山州马铃薯的种植面积、产量、商品量均排在四川省第一位，2012 年种植面积已达到 240 万亩，产量已达到 390 万吨。但是，与量大质优的马铃薯鲜薯原料供应快速增长相比较，凉山马铃薯加工业发展严重滞后，绝大多数加工企业都只能进行简单的粗加工。这种状况限制了市场拓展，妨碍了薯农增收和企业增效，从而制约了马铃薯生产的发展。但是，从长远看，随着凉山马铃薯加工业现代化的不断推进，凉山马铃薯系列加工产品一定会有十分广阔的市场拓展空间。从凉山州马铃薯加工业发展的市场潜力和市场前景可以看出：只要持续推进凉山州农产品加工业向着加工精深化方向发展，凉山州很多特色绿色优势农产品的精深加工产品就有可供开拓的广阔市场空间和畅销国内甚至海外的良好市场前景。

第四，基础设施不断改善。“十一五”以来，随着农业综合开发、以工代赈、农村能源建设、农村交通道路建设、农田水利基础设施建设等一批重点项目的实施，凉山州农村生产生活条件局部得到明显改善，高产稳产田地面积增加，农业抗御自然灾害的能力有所提高，农业综合生产能力有所增强，而这些变化都是有利于农产品加工业发展的因素。特别是凉山州目前正在推进综合交通运输体系建设，必将有利于明显改善农产品加工业发展的交通条件。位于建设四川南向大通道区域性交通枢纽所在地的凉山州得益于区位优势和政策优势，目前正在努力抢抓机遇，积极争取条件，加快构建以西昌为节点城市的包括公路运输、铁路运输和航空水运在内的综合交通运输体系。

2. 凉山州发展农产品加工业的主要制约因素

第一，企业规模小，缺乏大集团大品牌，竞争力弱。目前凉山州农产品加工企业从总体上看小、杂、散、乱的问题仍然很突出，绝大多数加工企业为中小型企业，有些甚至是家庭作坊式的小企业，具有带动作用的大型龙头企业明显偏少，知名企业和品牌不多，具有强大国内国际竞争力的大型名牌加工企业或企业集团更是缺乏。中小加工企业居多，造成农产品加工业成本偏高、农产品质量不稳定、竞争优势不明显，甚至出现小规模企业之间低水平无序状态的竞争，其结果必然妨碍凉山州农产品加工业形成强大合力开拓州外市场。以荞麦加工业为例，凉山州虽然独具荞麦生产的显著优势，但是荞麦加工业发展却严重滞后。州内10多家荞麦加工企业规模都不大，且分布散乱，环境条件和基础设施差，设备简陋，产品单一，科技含量不高，附加值低。正因为如此，凉山州荞麦加工企业生产的产品至今还没有一个得到国家食品药品监管局认证的保健食品批准号，反而是以凉山州苦荞麦为原料的北京、天津、山西等地的荞麦加工企业生产的产品，已有多个获得了保健食品批准号。凉山州其他农产品加工企业的情况也和荞麦加工企业相类似。因此，凉山州农产品加工企业目前在规模、品牌、档次、形象、信誉、营销、服务各个方面，与国内同类大型农产品加工企业相比还有较大差距，与之竞争还处于被动和不利的局面。此外，凉山州农产品加工企业的总量也不足，不能满足对农产品加工日益增长的需求。

第二，融资困难，资金严重不足。一是凉山州农产品加工企业普遍自有资金不雄厚，而一次性收购农产品原料占用资金较多、占用时间较长，但在金融机构的贷款却难以满足；二是相当多的农产品加工企业都需要为农户提供资金、技术和各种服务，但却缺少财政、税收、金融优惠政策的扶持；三是社会闲散资金投入农产品加工业的很少。

第三，粗加工多，深加工少。凉山州农产品加工整体上处于粗加工多、水平低、规模小、产业链条短、附加值低、综合利用差和耗能高的初级阶段，精深加工发展严重滞后，精深加工所占比重极小。这种状况从根本上讲是由农产品加工业的技术创新能力弱造成的。比如，在技术研发上，凉山农产品加工企业的科技经费和研究力量投入很少，和科研院所及高校的研发合作严重不足，造成了农产品加工领域技术创新能力弱，同时科技储备特别是基础性的技术储备严重缺乏。在技术引进上，凉山州农产品加工企业引进的先进技术、设备不多，并且缺乏消化吸收再创新。凉山农产品加工业技术创新能力弱，导致了农产品加工技术工艺、装备水平和设施条件的落后，精深加工技术运用很少而高新技术运用就更为罕见，其结果农产品加工主要还是采用传统技术、传统工艺，仍以粗加工为主，这就制约了农产品加工的精深化发展。

第四，农产品加工企业执行标准存在随意性。凉山农产品加工业产品标准和质量控制体系尚不完善，与国内国际标准衔接差，加工企业不能很好地按照标准组织生产，存在着有标准不执行或执行标准带有随意性的现象，影响了产品质量和安全。

第五，与农户利益联结不紧密。凉山农产品加工企业在基地建设中，与农户签订合同订单的还不多，采取二次结算的也不多，与农户进行股份制合作的很少，因此加工企业与农户利益联结不紧密，农户难以分享加工流通环节的产品增值与产品利润。

第六，现代农业建设明显滞后。目前凉山州农业科技进步贡献率仅为39.3%，农业增加值才占到全州GDP总量的20%；

初中文化程度以下的人口占农村总人口的93.6%，州内贫困地区农村群众人均受教育年限不足6年；农业要素投入总体上仍以传统生产要素投入为主，人畜力和传统生产工具所占比重大，山坡地、中低产田、靠天吃饭的“望天田”所占比重大；城镇化率仅30.57%，全州尚有约70%的常住人口在农村；按照扶贫标准测算，全州尚有农村贫困人口107.67万人；农业生产经营组织创新滞后，农民合作社、家庭农场、现代农业种养企业等新型农业经营主体所占比重还很小；农业标准化建设和农产品品牌建设与省内先进地区相比差距较大，与国内先进地区相比差距更大。将所有这些因素综合起来分析，我们可以得出如下基本判断：凉山州现代农业建设和农业现代化进程明显滞后，从总体上看凉山州农业还是比较典型的传统农业，传统农业因素还是其最基本的、占有最大比例的因素。从发展农产品加工业的角度看，传统农业向现代农业的转变缓慢。以传统农业为主体，必将从多个方面制约现代农产品加工业的发展。

3. 凉山州农产品加工业取得的主要发展成效

第一，总量增长较快，涵盖范围广。“十一五”以来凉山州农产品加工业发展较快，截至2010年，全州农产品加工企业96家，实现销售收入90.34亿元，其中规模以上农产品加工企业55家。目前凉山农产品加工具体涉及食品制造业、饮料业、缫丝业、包装业、饲料业、酿酒业、制糖业、调味品业、制药业、烟草业等。农产品加工业的主要产品有啤酒系列、调味品系列、果汁系列、乳制品系列、白糖酒精系列、冻肉系列、菌类系列等。

第二，农产品基地建设规模扩大，总产量已达到较大规模。比如，2010年粮食产量已达到219.04万吨，烤烟产量已达到268.5万担，马铃薯产量已达到344万吨，蚕茧产量已达到41万担，蔬菜产量已达到119.16万吨，园林水果产量已达到

78.74 万吨，肉类总产量已达到 66.09 万吨，牛奶产量已达 3.99 万吨。

第三，产业集群发展迅速。目前，已形成了西昌、越西、普格、喜德的马铃薯、苦荞麦加工，会理、会东、德昌、宁南的烤烟、蚕茧、甘蔗加工，西昌、德昌、盐源、会理的苹果、石榴、葡萄等水果加工，西昌、德昌、冕宁、甘洛的肉牛、板鸡、板鸭等畜产品加工，西昌、冕宁、越西的花椒、橄榄油、木材加工等产业集群。在产业集群发展过程中，企业规模也在发展壮大，截至 2010 年，全州规模以上农产品加工企业已达 55 家。

第四，加工龙头企业发展加快。截至 2010 年，全州有农产品加工龙头企业 80 家，其中销售收入在 10 亿元以上的企业 2 家，销售收入过亿元的有 10 家，5000 万元到 1 亿元的企业 8 家，5000 万元以下的企业 62 家，涌现出一批如豪吉集团、攀星集团、南丝路集团、华宁公司等规模化程度较高、辐射带动力较强的农业产业化龙头企业。

第五，品牌建设初见成效。“豪吉”鸡精、“南丝路”蚕茧、“金沙江”白砂糖、“好医生”石榴浓缩汁、“西部村寨”苦荞麦、“大凉山”清甜香型烤烟、“环太”系列产品等农产品深加工企业，获得“中国名牌”产品、“中国驰名商标”、“四川名牌”产品、“四川著名商标”称号。截至 2010 年，全州有 9 个产品获国家地理保护标志，9 家企业的 31 个产品获准使用绿色食品标志，6 家企业的 84 个产品获有机食品认证。

4. 未来加快发展凉山州农产品加工业的思路

强化市场导向，推动技术创新，着力集聚发展，实施品牌战略，坚持综合利用，完善标准体系，促进凉山州农产品加工业由初级加工向高附加值精深加工转变，由传统加工向采用先进适用技术和现代高新技术加工转变，由资源消耗型向高效利用型转变，由劳动密集型向劳动密集与技术密集型转变。抓住发展现代农业、建设新农村、推进农业产业化经营等机遇，以培育重点龙头企业和促进产业升级为突破口，打造具有地方竞争优势的特色园区和产业集群，重点发展农产品精深加工，延长产业链条，提高农产品附加值，通过构建凉山现代农产品加工业体系，推进凉山州烟叶、茧丝、马铃薯、草食畜、生物质能源林等八大国家级或省级现代特色优势农产品基地建设，推动凉山州特色优势农业产业做大做强做优。

5. 未来加快发展凉山州农产品加工业的主要对策措施

第一，依托特色优势农业产业带，大力发展凉山农产品产地初加工。通过成熟适用技术的筛选与示范推广，支持农民和专业合作组织改善贮藏、保鲜、烘干、清选分级、包装等设施装备条件，减少农产品产后损失，提升产品入市品级；引导农产品加工企业向产区延伸，促进农产品就地加工转化；支持企业、科研单位、技术服务机构、大专院校加强对农产品产地初加工技术的引进、研发、储备、筛选和示范推广；协调争取有关部门安排的企业技术改造专项、公益性行业（农业）科研专项、现代农业产业技术体系专项、重大关键技术推广专项等项目，对凉山州农产品产地初加工进行重点支持。应考虑实施农产品产地初加工惠民工程，通过国家扶持、有关部门提供指导和服务的方式，加快提高凉山州农产品产地初加工水平。

第二，加快培育农产品加工领军企业。一方面要引导龙头企业通过兼并、重组、参股、联合等方式，整合资源要素，发展成为规模化、集团化、整体竞争力强的行业领军企业；另一方面要以发展农产品精深加工和提高资源综合利用率为目的，积极争取有关政策，大力支持现有农产品加工企业加快技术改造和装备升级，促进现有企业上规模、上水平，形成一批农产品加工领军企业。总之，加快培育壮大农产品加工领军企业，是创建凉山农产品加工品牌、提升凉山农产品加工业的发展水平和市场竞争力必须完成的重大任务。需要注意的是，培育壮大农产品加工领军企业，应当立足凉山实际，首先把发展基础和发展现状较好又有良好发展前景的一批加工企业作为培育对象。这一批加工企业是以攀星绿色食品集团公司、鑫力油脂公司、生生酿造厂等为龙头的优质稻和胡豆加工企业，以科兴薯业、豪吉集团、飞月公司等为龙头的马铃薯加工企业，以正中食品公司、安喜苦荞厂等为龙头的苦荞加工企业，以正大公司、中泽公司、果果果业公司等为龙头的水果加工企业，以南丝路集团为代表的蚕茧加工企业。

第三，加强农产品加工产业园区建设。要根据不同区域、不同农业产业的发展情况，因地制宜，以发展劳动或资本密集型加工业、农业延伸产业、农村服务业以及与领军企业配套产业等为重点，积极整合和规范发展各类农产品加工产业园区，加快实现加工园区化、园区产业化、产业集聚化。同时，要把农产品加工产业园区建设与农产品加工基地建设紧密结合起来，在推进凉山农产品加工产业园区建设中，加快推进石榴、苹果、荞麦、蚕茧、草食畜等凉山特色优势农产品重点加工基地建设。

第四，加强农产品加工技术研发体系建设。凉山州要调动各方面的研发力量，以农产品精深加工、质量安全、综合利用和节能减排为重点，筛选出农产品加工各领域急需引进、攻关、推广的技术项目。要加强高效、节能、安全和提质的新型技术与装备的推广应用，加快产业技术升级。要以提升中小型企业技术水平为核心，搭建技术对接和推广平台，广泛开展先进适用技术、装备的推介活动。通过参加农产品加工合作与经贸促销活动以及农产品加工品大型展览展销活动，不断拓展凉山州农产品加工业的国内外市场。还必须要建立和完善以市场为导向、以农产品加工企业为主体、产学研相结合的技术创新体系。

第五，积极推进农产品加工标准化体系建设。以保障农产品质量安全为目标，加强引导和监督，完善标准体系、全程质量控制体系和检验检测体系，加强从原料生产到加工全过程的标准化管理。在农产品加工企业推行“良好生产操作规范”（GMP）、“危害分析与关键控制点”（HACCP）和“质量管理与控制体系”（ISO9000、ISO2200），建立健全风险监测、生产许可、监督抽查、产品召回、应急处理等监管制度，扩大现有农产品质检机构的检测范围。

第六，建立一个总部基地。凉山州境内既有高山、深谷，又有丘陵、盆地和平原等，地形地貌复杂多样。因此，基于凉山实际建立一个农产品加工业总部基地是十分必要的。建立这个总部基地，可以充分发挥农产品加工业的集聚效应、示范效应和驱动效应。可考虑以西昌为中心建立全州的农产品加工业总部基地。

第七，大力推进品牌建设。要通过深入实施凉山州农产品加工业品牌发展战略，做大做强做优做响一批特色优势品牌。推进品牌建设，不能只注重品牌数量的增长，关键和核心是品牌质的提升和飞跃。推进品牌建设，不仅是加快发展凉山农产品加工业的重要内容，也是驱动凉山农产品加工业发展的巨大动力。因此，只有实现凉山农产品加工业品牌发展战略目标，才能实现凉山农产品加工业的跨越式发展目标。

第八，把农业产业化经营、农业生产经营组织创新和农产品加工业发展紧密结合起来。比如，可以把“加工龙头企业+农民专业合作组织+农户”这种组织形式作为三者结合的载体，因为这种组织形式有利于农户与龙头企业之间建成利益共享、风险共担、互惠互利的关系。

第九，努力打造行业管理服务平台。围绕发展农产品加工业所需的多方面服务，进一步建立健全农产品加工业发展的公共服务体系；依托凉山各地农产品资源和市场资源孵化中小型加工企业，促进农产品就地转化增值和农民就近转移就业；建立健全对农产品加工行业重点区域、重点品种、重点环节的监测制度，逐步建立农产品加工业全行业数据库；以现有各类培训资源为基础，发展壮大一批农产品加工创业培训、技能培训和经营管理培训基地；发挥现有多种媒体优势，创建信息服务平台，提供企业诊断、技术咨询等方面的服务。

6. 未来加快发展凉山州农产品加工业需要抓住的发展重点

第一，加快发展马铃薯加工业。凉山马铃薯生产具有十分优越的自然条件。目前凉山马铃薯的种植面积、产量、商品量均居四川第一，质量优势也很明显。但是，凉山州马铃薯加工仍以初级加工为主，产品相对单一，附加价值低。加快发展马铃薯加工业，应该整合凉山州17个县市的马铃薯产业，延长马铃薯产业的加工链，推动马铃薯加工不断向精深化方向发展。当前条件下，可以优先发展以下三个方面：一是将马铃薯直接加工成实用的消费品；二是将马铃薯加工成饲料和酒精；三是将马铃薯加工成工业、轻工业等领域用作稳定剂的环糊精。

第二，加快发展石榴加工业。凉山州发展石榴生产和石榴加工的资源优势显著。凉山的会理石榴声名远播。但是凉山州石榴加工产品迄今仅有石榴汁，与优势资源极不匹配。今后在延长石榴产业链、推动石榴加工业发展的过程中，要重点在会理、西昌、会东、德昌等地发展优质石榴加工业，推动石榴保健品、低度石榴酒、石榴罐装产品的深度开发与发展。

第三，加快发展苹果加工业。凉山州生产苹果的自然条件得天独厚。凉山州的盐源县是生产无公害苹果的理想之地，其苹果产量已占到四川苹果总产量的60%以上。但是，凉山州现有的苹果加工企业偏少，品牌加工企业更少，加工产品单一。今后应当培育或引进大型加工企业，在保证苹果浓缩汁产量的基础上，可以进行脆皮加工，制果酒、苹果乳酸饮品，制作苹果芳香液等，提升苹果加工业的附加价值。

第四，加快发展荞麦加工业。凉山州是中国优质荞麦生产基地，荞麦产量占全国荞麦总产量的一半左右，居四川省和全国第一位。凉山州荞麦加工业存在的主要问题：产品规模化较差、同质竞争较强、产品深度开发不够以及市场化标准体系尚未建立。因此，今后凉山州荞麦加工业发展的重点应是深度化、规模化、标准化、品牌化。

第五，加快发展特色农产品加工业。凉山州特色农产品丰富、量大质优，主要包括特色优质粮食、优质水果、优质蔬菜三大类，每一大类下面的品种品目都很多。因此，针对这一独特优势，农产品加工业发展的重点应当放在做大规模、提升质量、打造品牌三大方面，不断提高特色农产品加工业的整体竞争力。

第六，加快发展畜产品加工业。凉山州优质天然的自然资源为畜牧业发展提供了条件，畜牧业发展态势良好，但是畜产品加工龙头企业偏少，规模偏小，产业链条较短，品牌价值不高。而解决这些问题恰好是未来凉山州畜牧产品加工业发展的方向所在。

（七）加快发展劳务产业

抓好劳务输出，创造条件促进农民转移就业，大力发展劳务产业，对凉山州的发展具有多方面的意义。第一，通过劳务输出发展劳务产业是促进农民增收的有效途径。凉山农民人均纯收入不仅明显低于凉山城镇居民人均可支配收入，而且也低于四川省和全国的农民人均纯收入水平，因此大力发展劳务产业，对促进凉山农民增收具有突出的意义。第二，通过劳务输出发展劳务产业，对推进凉山州的工业化、城镇化和农业现代化具有重要而长久的作用。凉山州目前仍是农业人口大州，城镇化率刚过30%，城镇化的发展需要新市民，农业现代化的发展需要新型农民，因此就需要不断提高农业转移人口和农业劳动者的综合素质。第三，通过劳务输出发展劳务产业，对凉山州贫困地区农民的脱贫致富具有重要意义。凉山州尚有100多万贫困人口，发展劳务产业，促进农业劳动力转移就业，既可以增加农民收入，又能够提高农民的就业技能，这两个方面都有利于贫困农民的脱贫致富。正是由于认识到发展劳务产业的重大意义，凉山州自2010年起开始实施劳务开发“双百”工程，目标是通过劳务开发到2015年转移输出农村劳动力100万人，实现劳务收入100亿元。由于凉山州抓劳务输出工作措施得力，目前已取得明显成效。这些成效集中表现为“五个快速增长”：①农民务工规模快速增长，2012年全州转移输出农村劳动力81.46万人，增长23.71%，高于全省增速18.74个百分点；②劳务收入快速增长，2012年全州实现劳务总收入77.69亿元，增长39.28%，高于全省增速21.92个百分点；③务工农民收入快速增长，2012年外出务工农民人均劳务收入达到9537元，增长12.6%，高于全省平均水平0.81个百分点；④农民工资性收入快速增长，2012年全州农民人均工资性收入达到1803元，增长37.63%，全州农民人均工资性收入占农民人均纯收入的比重提高到28.1%；⑤有序输出规模迅速扩大，2012年全州有序输出农村劳动力20.83万人，比上年增加8.63万人，有序输出占总输出的比重达到25.57%。

凉山州劳务输出和劳务产业发展目前面临的主要问题是：第一，农民工不适应城镇、不适应工作岗位的现象还很突出，外出务工农民素质亟待提高；第二，劳务培训覆盖面不宽、带动力不强，培训质量亟待提高；第三，有序输出占全州转移输出的比重仍然较低；第四，劳务输出规模偏小，效益不高；第五，农村人力资源市场建设滞后；第六，劳务输出与劳务开发在全州各县市之间发展不平衡，区域差距较大；第七，维权压力与维权成本较大。

未来凉山州继续抓好劳务开发、发展壮大劳务产业的思路应当是：统筹城乡劳动就业，建立和完善“政府推动、市场运作、政策引导、流动有序、管理规范、服务完善”的劳务经济发展机制；以增加农民收入为目标，以扩大输出规模、提高有序输出水平为重点，以加大技能培训力度为支撑，以加强输出市场建设为关键，以强化维权救助为保障，整合资源，加大投入，建立健全劳务培训体系、转移输出体系、维权救助体系；推进劳务开发跨越式发展，把劳务产业做成促进农民增收的重要支柱产业；通过劳务开发的持续推进，促进农民向市民、农民工向产业工人转变。

根据这一思路，未来凉山州发展劳务产业应当抓住以下几个重点环节：①要搞好农民工技能培训；②要大力发展农村职业教育；③要抓好输出市场建设（包括加快农村人力资源市场建设、大力发展劳务公司、加大劳务经纪人培育力度、积极开展劳务合作、加强转移输出信息体系建设、在创新的基础上不断优化和完善劳务输出模式等内容）；④要扩大输出规模、优化输出结构、提高输出效益；⑤要强化维权救助；⑥要健全劳务输出管理的体制机制。

（八）加快发展乡村旅游业

休闲农业与乡村旅游产业是符合经济发展规律、有市场需求、发展潜力巨大、有助于解决“三农”问题的朝阳产业。发展休闲农业与乡村旅游业，能够延伸农业产业链条，带动相关配套产业发展，有效拓展农民就业增收空间；能够实现“大农业”与“大旅游”的有机结合，使城乡互为资源、互为市场、互为环境，有利于推进城乡一体化发展；能够改善农村发展环境和村容村貌，有利于带动农村生产水平、生活水平和文明水平的提高；能够融合一、二、三产业，将农业从单一的食品保障功能向原料供给、就业增收、生态涵养、观光休闲、文化传承等多功能拓展，带动农产品加工业、服务业、交通运输、建筑、文化等相关产业的发展，满足城乡居民新型消费需求，开辟现代农业发展新途径。凉山州发展乡村旅游业的资源优势突出，有利于打造独具特色的民族风情休闲农业与乡村旅游产业。

近年来全州乡村旅游业发展加速、成效明显，主要表现在：①乡村旅游品牌创建取得成效。目前全州有省级乡村旅游示范县（市）3个；星级农家乐145家，其中五星级农家乐2家，三星级16家，二星级78家，一星级21家；有一批省级乡村旅游示范乡（镇）、村；有省级精品旅游村寨9个。②大办节庆，形成了一批乡村旅游新亮点。比如，凉山州西昌市成功打造了乡村旅游十六景，依托乡村旅游景点，大办乡村旅游节庆，以节为媒，以节促旅，科学策划运作出踏春节、桃花节、樱桃节、蜜桃节、葡萄节、石榴节等活动，让广大旅游者充分感受到凉山旅游的独特魅力，丰富了旅游文化内涵，增强了旅游的体验性、参与性，成为全州乡村旅游的样板和典范。③打造出了一些有鲜明特色、有发展潜力的乡村游线路。比如，西昌市打造了乡村旅游四大金牌线路，即以中国西昌民族风情生态旅游长廊为代表的南线，以湖滨养生休闲度假之旅为主题的东线，以古镇文化休闲之旅为主题的西北线，以生态农业观光之旅为主题的北线。东线乡村游线路已入选四川乡村游金牌线路。但是，凉山乡村旅游的发展目前面临着政策支持力度小、管理体制机制不顺、投入严重缺乏、经营管理水平不高、软硬件建设滞后等困难，应当通过深化改革、加快发展，逐步加以解决。

未来凉山州发展乡村旅游业应当突出四大重点：①大力发

展生态观光农业。以西昌、盐源、普格等县市为重点，依托旅游景区景点，着力打造田园特色浓郁的生态农业旅游。②大力发展森林旅游观光。凉山州有丰富的森林旅游资源，要加快自然保护区、森林公园以及森林观光区基础设施建设，重点开发大熊猫故乡游、森林探险、森林科考、森林观赏、森林采风等旅游产品。③大力发展休闲农家乐。在城乡结合部和特色风情乡镇，合理布局，充分利用农业资源，把农业生产经营活动和休闲、旅游结合起来，开发旅游观光、调剂性劳动、体味民族特色农家风情、享用新鲜果蔬等旅游项目，引导乡村旅游业发展。④大力发展农村节庆节会。以“绿色、参与、体验”定位，在地方特色浓郁、农产品独特、交通便利、基础条件较好的乡村举办各类农村节庆节会，不断提升现有的“桃花节”“樱桃节”“石榴节”“索玛花节”“青花椒节”“脐橙节”等节庆节会的规模、档次、质量、水平和效益。

（九）加快发展农村服务业

（1）要加快农村商贸业的发展。要以培育农村流通企业为重点，鼓励和支持供销合作社、粮食系统、邮政系统、商贸系统和其他各类投资主体发展农产品、农业生产资料和消费品连锁经营，改造农村现有的各类商品批发市场，推进城区特色商业街和商业购物中心向农村延伸，特别是要以入围国家农产品现代流通综合试点和实施“万村千乡”“农超对接”等惠民工程为契机，逐步建立和完善城乡一体化的市场流通网络。目前凉山州虽然已初步建立起多形式、多渠道的农村市场体系，但农村市场发展总体上相当滞后，远不能适应现代农业建设和新农村建设的需要，建立现代农产品流通体制和发达的农村市场体系还任重而道远。

（2）要加快发展农村运输业。发达的农业和农村必须以发达的交通为前提。凉山辖区面积广阔，山地居多，地形地貌复杂，自然条件多样，公路建设难度大、欠账多。尽管全州农村公路总里程已达 19 000 多公里，但农村交通瓶颈仍未突破，农村交通在通达深度和通畅程度上仍然存在很多问题。因此，必须大力发展农村交通，促进农村运输业加快发展，促进农产品、农资和消费品的流通，城乡间人流和物流的畅通。

（3）要加快发展农村社区服务业。要积极引导市区现代流通业态向农村延伸，推进环境卫生、污水处理、危险废弃物治理、购物、信贷、美容美发、餐饮娱乐、居民服务、文化消费、医疗保健等服务业向农村社区延伸，从而加快农村社区服务业的发展。

未来凉山州发展农村服务业的方向应当是：以服务生产、繁荣农村经济、增加农民收入、提高农民生活水平为目标，构建和完善以农村商贸流通、物流、金融、科技和信息、生活、文化服务等为内容的农村社会化综合服务体系。

二、加强凉山州发展现代农业的基础设施建设，不断改善生态环境

无论是对城市经济或农村经济的发展而言，还是对整个国民经济的发展而言，基础设施的作用都是很重要的。基础设施的积累和发展是一国或一地区经济起飞的必备条件，是实现工业化、城镇化的重要基础。基础设施的发展应当与经济发展的要求相适应。就农村基础设施而言，它对农村经济发展的作用也是多方面的。首先，农村基础设施是农村经济发展的基础条件。尽管占农村经济主导地位的农业对基础设施的要求不及工业要求的规模大、水平高，但农业生产的发展同样离不开基础

设施。比如，水利灌溉设施可以使农业减轻或避免洪涝、旱灾的危害，道路交通是农业市场化经营的必要条件，电力的使用提高了农业生产的动力水平。总之，随着工业化、城镇化的推进，农村对基础设施的需求也会不断增长。其次，农村基础设施是农村微观经济主体活动的基础。一方面，交通运输、水电等是农民或农村企业进行经济活动的中间投入要素，基础设施服务成本的下降能够有效提高农民或农村企业的盈利水平；另一方面基础设施服务可以提高劳动力和其他资本的生产力。因此，基础设施状况的改善也有助于降低成本、增加效益。最后，农村基础设施的状况决定了对资本的吸引力，良好的基础设施有利于降低生产成本、提高利润率，从而吸引更多资本流入，也能够留得住本地资本。此外，农村基础设施的状况还会影响农村地区的社会福利水平。良好的基础设施能够为人们提供便利高效的生产环境和健康卫生的生活环境。

由此可见，大力加强农村基础实施建设，不仅是发展农村经济的基础，也是发展现代农业的基础。除基础设施外，生态环境对发展现代农业也至关重要。结合凉山实际，加强发展现代农业的基础设施建设、改善生态环境需要抓好以下工作：

（一）大力推进农村道路建设

要努力完成“十二五”规划的任务。要以“公路到村、油路到乡、走平坦路、农机下田”为目标，整合以工代赈、农业综合开发、烟田基础设施建设等项目，动员村民“一事一议”，加大农村道路建设力度，突破农村交通瓶颈制约，到 2015 年实现所有乡镇和具备条件的行政村通公路。在通乡公路建设方面，到 2015 年要建成通乡镇油路（水泥路）3465 公里，新增 241 个乡镇通油路（水泥路）。在通村公路建设方面，到 2015 年行政村通公路率达到 92%，建成通村公路 8335 公里，新增 1298 个建制村通公路。在“下地入户”机耕便民道建设方面，到2015年将建成“下地入户”农村机耕便民道8000公里，并逐步形成网络。

（二）大力加强农村水利建设

要努力完成“十二五”规划的任务。要坚持“大中小微结合，蓄引提防并举，新建与挖潜并重”，加强防洪减灾、水资源开发与配置利用、农村水利工程等项目建设。“十二五”期间凉山州农村水利建设的主要任务是：

第一，进行防洪减灾体系建设，要新建安宁河堤坝114公里，护岸80公里；重点安排小型病险水库除险加固；加强孙水河、茨达河等40条重要河流的治理；新建水库以消除安宁河平原的洪水威胁。

第二，推进水资源开发与合理配置利用。通过续建新华水库渠系配套、节水改造工程，可新增灌面5.81万亩，改善灌面2.23万亩。通过续建大海子水利工程，可新增灌渠62.87公里，新增灌面3.82万亩，并解决4.21万人、6.18万头牲畜的饮水困难问题。通过新建大桥水库灌区二期工程，可新增灌面23.33万亩，改善灌面4.01万亩。通过新建横山水库，可新增灌面4万亩，改善灌面2万亩。新建东河水库，可以在城市供水、防洪、发电、生态建设等方面发挥作用。

此外，还要完成其他新建水库任务。

第三，加强农村水利工程建设。通过修建小型集中供水站、集中供水点和打井等方式，“十二五”期间要解决99.5万人的饮水安全问题；通过完成灌区续建配套节水改造工程，可新增灌面21.94万亩，改善灌面80.68万亩，新增田间节水灌面34.14万亩；通过推进小型水源建设工程，“十二五”期间在凉山州可建成山坪塘541座，蓄水池8.6万口，水窖8.6万口；通过完成牧区水利建设工程，“十二五”期间可建成牧区饲草灌溉面积30万亩，现有饲草灌溉工程节水改造面积20万亩。

（三）大力加强高标准农田建设

要努力完成“十二五”规划的任务。要坚持田水路林山综合治理，工程、生物、科技、农耕农艺措施配套，坡改梯、薄改厚，整治下湿田，抓好田形调整，建设标准农田，提高耕地质量，推进“藏粮于仓”向“藏粮于地”转变。在标准农田建设方面，“十二五”期间将新建成标准农田82.5万亩。在耕地质量建设方面，“十二五”期间将通过增厚土层、种植绿肥、增施有机肥、实行秸秆还田等措施，提升耕地质量87万亩。到2015年，凉山州基本农田中的标准农田将达到272.45万亩。

（四）大力推进生态环境建设

要树立生态文明理念，围绕建设生态文明、美化人居环境、促进农民增收三大主题，以重点项目为支撑，改善环境，绿化山川，美化家园，增强可持续发展能力。结合凉山实际，生态环境建设需要抓好“八大工程”，即天然林资源保护工程、退耕还林工程、野生动植物保护及自然保护区建设工程、森林植被恢复和荒漠化治理工程、城乡绿化工程、水土保持工程、畜牧生态建设与保护工程、生态家园建设工程。在抓“八大工程”建设时，首先要努力完成“十二五”规划的任务。在天然林资源保护工程方面，要以构建较完善的“三江”流域绿色生态屏障为重点，对现有天然林、三江流域水源涵养林和水土保持林、城市周边和旅游景区景观林以及其他重要生态区域的森林实行重点管护，确保森林管护面积稳定在5668万亩以上。同时，“十二五”期间还要完成人工造林30万亩，封山育林200万亩，森林抚育200万亩。在退耕还林工程方面，要在巩固现有成果基础上，以发展后续产业，实施生态移民、绿化美化家园为重点，充分发挥退耕还林在新农村建设中的重要作用。“十二五”期间，新启动退耕还林50万亩，配套荒山造林50万亩和封山育林100万亩，补植补造52万亩，同时继续巩固退耕还林成果163.51万亩。在野生动植物保护及自然保护区建设工程方面，要以建立较完善的生物多样性保护新格局为目标，以珍贵濒危物种和湿地保护为重点，加大自然保护区升级和新建力度。到“十二五”期末，原有加新建自然保护区总共将达到12个。在森林植被恢复和荒漠化治理工程方面，凉山州尚有石漠化土地660万亩、沙化土地120万亩，治理任务十分艰巨。要以提升绿化水平和生态保障能力为目标，持续实施森林植被恢复工程和荒漠化治理工程，“十二五”期间先要完成石漠化林地治理30万亩和沙化林地治理10万亩。在城乡绿化工程方面，要积极推进绿色通道、农田林网、乡村绿化和四旁绿化建设。“十二五”期间，要完成建城区绿化2万亩，道路绿化1000公里，水系绿化600公里，城镇周边植被恢复10万亩，农田防护林建设10万亩，庭院林园建设2万亩，义务植树7000万株。在水土保持工程方面，凉山州至今尚有水土流失面积2.83万平方公里，占凉山州辖区面积的47.1%，治理任务十分繁重。要继续在“长治”工程重点治理县及生态修复县开展水土流失治理，实施人工种草、保土耕作、配套小型水利水保工程，全面制止各种人为活动造成新的水土流失。“十二五”期间将完成治理水土流失面积2000平方公里，每年减少水土流失量320万吨以上。在畜牧生态建设与保护工程方面，要坚持保护与发展相结合，天然草场保护、退牧还草、人工种草并举，到2015年草场植被覆盖度要达到78%以上。在生态家园建设工程方面，要搞好乡村绿化和庭院绿化，要支持发展山区薪炭林以满足农户生产生活的需要。特别要大力发展以沼气为重点的农村能源，“十二五”期间要新建农村沼气池15万口以上，适度规模养殖场（户）沼气池配套率要达到50%，散养户沼气配套率达到15%。每年改建或改造省柴灶2万户，到2015年改造10万户。

（五）大力推进农村电网和农机建设

要抓住实施新一轮农村电网改造升级工程这一机遇，提升农网供电可靠性和供电能力，加快农村能源和农机建设，解决村民用电难和生产手段落后的问题，不断改变农村面貌，不断提高村民生活质量。要努力完成“十二五”规划的任务，到2015年基本解决贫困边远山区无电乡村、无电人口的用电问题，农机总动力要增长到297万千瓦，全州主要粮食作物综合机械化作业水平要达到40%以上。

三、加快凉山州农业产业化进程

农业产业化经营，其实质就是用管理现代工业的办法来组织现代农业的生产和经营。以国内外市场为导向，以提高经济效益为中心，以科技进步为支撑，围绕支柱产业和主导产品，优化组合各种生产要素，对农业和农村经济实行区域化布局、专业化生产、一体化经营、社会化服务、企业化管理，形成市场牵龙头、龙头带基地、基地连农户，集“种养加、产供销、内外贸、农科教”为一体的经济管理体制和运行机制。农业产业化经营是现代农业的基本经营形式，推进农业产业化经营是发展现代农业的必然要求。农业产业化经营把农产品生产、加工、销售联结起来，把龙头企业与广大农户联结起来，把农业产前、产中、产后各环节联结成一个完整的产业系统，把农村一、二、三产业联结成一个有机的整体，从而延长了农业的产业链、扩大了农业的产业群。发展农业产业化经营，对于提高农业整体效益，有效增加农民收入，提高农业的区域化、专业化、市场化、社会化、规模化、标准化水平，促进农业富余劳动力转移，促进城镇化，提高农业产业整体竞争力等，都具有重大作用。特别需要看到的是，农业发展转型正面临三个矛盾，即小生产与大市场的矛盾、稳定家庭承包经营与扩大经营规模的矛盾、小规模经营与农业现代化的矛盾，而这三个矛盾通过深入发展农业产业化经营都可以逐步得到有效解决。

“十一五”以来，凉山州农业产业化经营发展较快，已有一定基础。比如，到2012年全州农业产业化经营龙头企业总数达到180家，其中规模以上龙头企业95家，年销售收入1亿~10亿元的有15家，10亿元以上的有2家，龙头企业建成生产基地223万亩，带动农户50.7万户。全州农民专业合作组织发展到2361家，其中在工商部门注册登记的农民专业合作社718个；全州农民专业合作组织拥有成员10.2万户，带动非成员农户35万余户。

但是，凉山州的农业产业化经营也面临不少困难和问题，主要是：第一，龙头企业整体规模偏小，带动力不强，产业链条短，同时龙头企业与农户的利益联结还不够紧密。第二，农民专业合作组织量小、质弱，带动力不强。目前全州加入农民专业合作组织的农户仅占全州农民总户数的9.63%，在工商部门注册登记的农民专业合作社仅占农民专业合作组织的30.41%，远低于全省82.31%的水平。全州农民专业合作组织带动农户面仅为33.56%，离“十二五”末60%的目标还有很大差距。第三，发展不平衡。全州17个县市龙头企业大部分集中在经济发展水平较高的安宁河谷地区的四县一市，全州88%的农民专业合作组织也集中在安宁河谷地区。除了区域发展不平衡外，农业产业化经营主体的内部结构也不平衡。比如，全州围绕烟叶生产服务的农民专业合作组织占总数的65%，养殖业农民专业合作组织仅有230家，专业从事农产品加工营销的农民专业合作组织仅占总数的0.5%。第四，用地难、贷款难、融资难问题突出。第五，农业产业化经营主体的品牌意识不强，产品的市场竞争力较弱，国家级品牌和省级品牌还不多。第六，对农业产业化经营主体的扶持力度不足。

未来凉山州深入推进农业产业化进程的关键，是要发展壮大农业产业化经营主体。因此，必须抓好以下三个重点环节：①要培育壮大龙头企业。要加大政策扶持力度；要坚持走以开放促开发的路子，通过资源招商、园区招商、产业链招商，引进带动力强的龙头企业；要大力推进西昌市省级农业产业化龙头企业集群发展试点建设，充分发挥示范带动作用，发挥龙头企业集群效应；积极引导具有比较优势的龙头企业，通过资本运作，盘活资产存量，整合资源、资金、技术和人才等要素，进入工业园区、集中区集聚发展，逐步培育壮大一批起点高、规模大、带动能力强的骨干龙头企业，推进龙头企业集群发展；要鼓励、引导龙头企业加大科技投入，自建研发中心或与大专院校、科研院所联建研发机构，加强国内外的科技交流与合作，开发具有自主知识产权的新品种、新产品和新技术，提高自主创新能力和核心竞争力。②要提高农民组织化程度。提高农民组织化程度必须发展多种形式的新型农民合作组织，其中农民合作社是带动农户进入市场的基本主体，是发展农村集体经济的新型实体，是创新农村社会管理的有效载体。要按照积极发展、逐步规范、强化扶持、提升素质的要求，加大力度，加快步伐发展农民合作社，切实提高其引领带动能力和市场竞争能力。结合凉山实际，今后一个时期应当大力发展农民专业合作社。要坚持“三民”“四自”原则，加大《中华人民共和国农民专业合作社法》的宣传、实施力度，依法支持和规范农民专业合作组织发展，切实维护农民专业合作组织及其成员的合法权益。鼓励农民专业合作组织推行“统一投入品使用、统一生产技术、统一疫病防控、统一质量标准、统一品牌包装、统一收储销售”，兴办农产品加工企业，不断壮大自身经济实力，增强为农服务能力。加大扶持力度，支持农民专业合作组织开展基础设施、服务设施、信息网络、绿色食品认证、品牌培育、基地建设、技术培训等方面的经营活动。引导农民专业合作组织加强内部管理，建章立制，健全民主决策、民主管理，民主监督等各项制度。③要强化利益联结机制。大力推广订单农业，推行最低保护价收购，提高订单履约率。鼓励龙头企业通过建立风险保障机制、设立风险基金、二次返利等形式，与农户形成紧密的利益联结关系。大力推广“公司+农户”“公司+基地+农户”“公司+农民专业合作组织+农户”等各种企业与农户利益联结模式。鼓励龙头企业以多种形式为农户开展多样化、系列化服务，鼓励农民以土地经营权、林地使用权、资金、技术等生产要素入股，采取股份制、股份合作制等形式，与龙头企业结成利益共享、风险共担的利益共同体。

四、构建凉山州发展现代农业的支撑体系

（一）构建科技支撑体系

当前，以生物技术和信息技术为主导的新的农业科技革命蓬勃兴起，为整个农业科技的进步注入了新的强大的活力。农业科技革命所带来的农业科技创新，对农业和农村经济发展发挥着越来越大的作用。许多国家纷纷采取增加投入、改革体制、组织重大科技行动等措施，加快农业科技进步与创新，生物技

术不断取得重大突破并迅速实现产业化，信息技术和新材料等在农业中的应用越来越广泛，其他一些重要农业科技领域也不断出现革命性突破的先兆。新的农业科技革命正在深刻改变着农业生产方式、发展形态和世界农业的整体面貌。农业科技进步与创新，促进了现代农业产业的发展和农业结构的调整优化，促进了农业劳动生产率、土地生产率、资源利用率和农业综合效益的大幅度提高，促进了农业生态环境的改善，使农业发展步入可持续发展的轨道。结合我国国情，我国农业自然资源的硬约束不断增强，人均耕地、淡水资源量明显低于世界平均水平，粮食、棉花等主要农产品的需求呈刚性增长，农业增产、农民增收、提高农产品竞争力的难度较大，农业结构不合理，农业产业化水平及农产品附加值低，生态环境状况依然严峻，生态安全问题突出，食物安全问题依然存在，这些都严重制约了农业的可持续发展。我国农业的基本情况及农业发展面临的严峻挑战，决定了必须把科技进步作为解决“三农”问题的一项根本措施，决定了科技进步是突破资源和市场对我国农业双重制约的根本出路，也决定了构建科技支撑体系是发展现代农业的一个十分重要的前提条件。

结合实际，凉山州构建发展现代农业的科技支撑体系应从以下三个方面入手：

（1）加强农业科技创新。依托州内外大专院校和科研院所，积极引进最新科技成果，吸引国内外科研机构来州内建立科研分支机构和技术研发中心；大力推行现代生物技术，发展胚胎移植、无性繁殖和转基因技术；采用多种形式，丰富育种手段，加强优势特色作物品种引育种选育，采用先进技术开展有性杂交育种；大力推广应用生物基因重组技术，加快动植物残体和农业投入品的有效分解转化，促进农业资源循环利用，减少环境污染，确保农业生态安全；大力推广新型能源技术，发展生物质能源；大力推广现代材料技术，提高肥、水、药、膜利用率。

（2）加强实用技术推广。首先，要示范推广优良新品种新技术。示范推广主导品种及配套栽培技术，提高优质高产新品种应用推广率，加快品种更新换代，推广水稻免耕栽培技术、小麦秸秆还田技术和“五良配套”技术。其次，要示范推广地力培肥与土肥水高效利用技术。开展土壤有机质提升行动，推广秸秆还田、绿肥种植、有机肥综合利用、缓控释放、生物肥料、中微量元素营养平衡剂配套施用等地力培肥技术；推广测土配方施肥，改进施肥方法；建立节水农业技术核心示范区，大力推广膜下滴灌、水肥一体化、集雨种植、抗旱保苗等节水农业生产模式。最后，要加快畜禽品种改良。在全州 17 个县市选择能繁母牛养殖基础好的村社建立黄牛繁殖基地，主要推广西门塔尔、皮埃蒙特等品种。在雷波县、金阳县、木里县之外的其余 14 个县市选择能繁山羊养殖基础好的村社建立山羊繁殖基地，主要推广金堂黑山羊、波尔山羊和经选育的建昌黑山羊、美姑山羊等品种。在昭觉、美姑、布拖、喜德、金阳、越西、冕宁等县选择能繁绵羊养殖基础好的村社建立绵羊繁殖基地，主要推广凉山半细毛羊等品种。在全州饲料饲草充足、养猪基础好、经济较发达、交通条件较好的生猪主产区，选择获得无公害生猪基地认定的村社，建立生猪良种繁育体系，主要推广 DLY 杂交组合和 PIC 配套系。在肉鸡（蛋）主产区，主要推广天府乌骨鸡、山地乌骨鸡、岩鹰鸡等品种。在肉鸭（鹅）主产区，主要推广建昌鸭、天府肉鸭、樱桃谷鸭、西昌钢鹅等品种。

（3）加强科技推广体系建设。要加快推进农业技术推广体系的改革和建设，积极探索对公益性职能与经营性服务实行分类管理的办法，完善农技推广的社会化服务机制，在全州普遍建立健全乡镇或区域性的农业技术推广公共服务机构，明确其公益性定位，根据产业发展实际设立公益性基层农技推广机构的岗位，并通过继续实施基层农技推广体系改革与建设项目、农业技术推广机构建设项目，改善公益性基层农技推广机构的条件，强化其职能，完善其网络。把基层农技推广机构原有的经营性职能分离出去，按市场化方式运作，同时要积极探索基层农技推广机构公益性职能的多种实现形式。要加强农技推广体系的发展，还必须广泛动员社会资源。政府可以通过委托、招标、订购等形式，调动社会各方面力量积极参与农技推广服务，同时应当鼓励和支持高校和科研机构面向农村开展农技推广。

总之，通过改革和建设，凉山州应当建立起政府主导与社会力量参与相结合的多元化的农技推广服务网络，建立起以州为中心、县为纽带、乡镇为基础的农业科技推广服务体系，提高农民科学种田和科学养畜水平，加快新品种、新技术、新农药、新肥料、新农机推广应用步伐，加快传统农业生产方式的转变。

（二）构建市场支撑体系

发达的物流产业和完善的市场体系，是实现现代农业的重要保障。必须强化农村流通基础设施建设，发展现代流通方式和新型流通业态，培养多元化、多层次的市场流通主体，构建开放统一、竞争有序的市场体系。结合凉山实际，一是要深入实施“万村千乡市场工程”“新农村现代流通网络工程”“农村商务信息服务工程”。二是要加强农产品批发市场建设。要抓好农产品批发市场建设的区域布局，西昌市重点布局建设大型综合农产品批发市场，同时要发展一批满足城市供应需要的中型综合和专业农产品批发市场。三是要创新农产品流通方式。要大力发展农产品连锁经营，鼓励和支持农业产业化龙头企业、农产品批发市场、大中型农产品流通企业、第三方农产品物流配送企业和农民专业合作组织在城市社区建立连锁超市和生鲜便利店，积极发展“超市+基地”“超市+社会化物流中心”“超市+农村流通合作组织”等模式，建立农产品“产销直通车”，减少中间环节，降低流通成本；要大力发展订单农业，推进生产与流通或加工或消费直接对接；要充分利用现代信息技术，探索发展农产品电子商务，发展农产品网上交易、连锁分销和农民网店；要加快发展农产品物流，一方面要引导大型农产品运销企业加快改造现有设施，以发展专业化农产品物流，另一方面要鼓励大型农产品生产加工企业、大型农产品批发市场和大型农产品流通企业发展标准化生产、工业化管理、连锁化经营、社会化配送体系，对农产品进行统一集散、加工、包装、储存、交易和运输，从而形成从生产基地到批发市场、零售终端的一条龙产业链，同时还要发展多种模式的农产品冷链物流经营。四是要加快改造农贸市场。要大力推进“农贸市场改超市”“农贸市场+超市”，提升农产品档次，改善交易条件和环境。五是要积极发展多元化市场流通主体，加快培育农村经纪人、农产品运销大户和农村各类流通中介组织；要大力发展农民流通合作组织；要鼓励各类工商企业通过收购、兼并、参股和特许经营等方式，参与农村市场建设和农产品、农资经营，培育一些大型涉农商贸企业；供销合作社要完善现代流通网络，增强经营活力和市场竞争力；邮政系统要发挥邮递物流网络的优势，拓展为农服务领域；国有粮食企业要继续深化改革，发挥衔接产销、稳定市场的作用；商贸、医药、通信、文化等企业要积极开拓农村市场。六是要构建农村现代流通网络。要引导、鼓励、支持有实力的流通企业延伸连锁经营网点到农村，发展连锁日用消费品农家店；在人口集中、交通方便、经济较为发达的乡镇，支持有实力的流通企业建设较大规模的综合超市，形成消费品零售终端网络；同时要鼓励各类投资主体进入农业生产资料流通领域，发展农业生产资料连锁经营，形成和完善农业生产资料流通网络。农产品流通网络的构建与完善，必须通过加快农产品市场建设、创新农产品流通方式、培育多元化农产品流通主体等途径来实现。在不远的将来，应当形成以县城和中心城镇为重点，以工业品下乡和农产品进城双向流通为特色，以大型商场、超市、物流企业为龙头，以物流配送、连锁经营为纽带，以镇村两级农家店为基本单位的现代新型农村流通网络。

总而言之，通过采取以上六大措施，凉山州应当构建起农产品、消费品和农业生产资料市场均衡发展，城乡市场相融合，布局较合理，业态较先进，服务规范，组织化程度较高的农村市场体系。

（三）构建农业社会化服务支撑体系

现代农业是高度社会化的农业，发展现代农业必须建立和完善农业社会化服务体系。要坚持主体多元化、服务专业化、运行市场化的方向，充分发挥公共服务机构的作用，加快构建和完善公益性服务与经营性服务相结合、专项服务与综合服务相协调的农业社会化服务体系。

构建农业社会化服务体系有三大基本要求：首先要强化农业公益性服务体系建设，充分发挥农业公益性服务体系的主导作用。农业专业化、社会化、现代化的发展过程，也是农业公益性服务体系的功能日益完善、作用日益强大的过程。其次要大力培育农业经营性服务组织，充分发挥农业经营性服务组织的生力军作用。要支持农民合作社、专业服务公司、专业技术协会、农民经纪人、涉农企业等，为农业生产经营提供低成本、便利化、全方位的服务。可以采取政府订购、定向委托、奖励补助、招标投标等方式，引导经营性服务组织参与公益性服务。最后要创新农业社会化服务的方式和手段。比如，可以搭建区域性农业社会化服务综合平台，整合资源建设乡村综合服务社和服务中心，应用信息化手段提高农业社会化服务的效率等。

结合凉山实际，构建农业社会化服务体系必须抓好以下四个方面的工作：

第一，要抓好农业服务体系建设。在植保服务体系建设上，要按照构建“公共植保和绿色植保”的要求，坚持“预防为主，综合防治”的方针，加强病虫害预测预报，稳步推进基层植保专业合作组织建设，着力提高重大病虫害防控能力，提高防灾减灾和农作物病虫害预警、控制能力，有效控制农作物病虫害。要强化植物检疫工作，有效防止有害生物入侵和蔓延。在农业执法体系建设上，要完善州级农业投入品测试中心和各县市快速检测点，形成以州为中心、县为基点的农业检测体系。加强种子、肥料、农药、土壤、兽药、饲料检测，有效防止农药、化肥污染，确保农产品质量安全。要加大市场执法力度，坚决打击假冒、伪劣产品，切实维护农民合法权益，确保农业生产安全。

第二，要抓好动物疫病防控体系建设。要加强动物检疫隔离场、检疫监督基础设施、动物疫病预防与控制中心、基层动物防疫基础设施、动物防疫监督检查站、乡镇畜牧兽医站等动物防疫体系建设，全面改善动物疫情测报、诊断、防疫、监督管理和兽药监察等方面的硬件设施和工作条件。要积极推进兽医体制改革，健全基层防疫网络，强化基层兽医服务功能，落实各项重大疫病防控措施，确保动物产品质量达到规定标准。全州重大动物的疫病免疫密度应达到100%，二维码标识戴标率应达到100%，抗体合格率应达到70%以上，牲畜病死率应控制在1%以下。

第三，要抓好农机服务体系建设。农业机械化是农业现代化的重要内容。加快农业机械化发展，能够有效改善农民的生产生活条件，显著提高农业劳动生产率和农业综合生产能力，促进农民增收，促进农业和农村经济发展。“十一五”以来，凉山州农业机械化发展加快，到 2012 年全州农机总动力达到 273 万千瓦，比“十五”期末增加了 170 万千瓦；全州主要农作物耕种收综合机械化率达到 40%，比“十五”期末提高了 27.96 个百分点。但是，凉山州农业机械化的发展总体上滞后于农业农村经济的发展，存在诸多问题与困难。主要表现在农业机械化投入严重不足、农机装备结构极不合理、农业机械化作业水平仍然低下、区域发展极不平衡、农机化基础设施建设滞后、农机化服务体系不健全、农机管理队伍和操作队伍建设滞后、农业机械技术创新滞后、农机化大规模作业要求与农户小规模生产工艺相矛盾等方面。未来凉山应当通过以下途径深入推进农业机械化发展：①积极建立与完善以农机专业合作社、农机行业协会等专业服务组织为龙头，农机大户为主体，农机户为基础的农机作业服务体系，进一步推进农机服务市场化、组织化、产业化。②加快农业机械的推广应用。不仅要加快推进粮食作物生产全程机械化，还要积极发展经济作物生产机械化，同时还要不断提高畜牧业、渔业、林果业、农产品加工业机械化水平；不仅要发展农作物耕种收环节的机械化，还要发展种子处理、灌溉、植保、烘干、贮藏等环节的机械化，全面提高农业产前、产中、产后各领域的机械化水平。根据凉山州辖区面积广阔、地形地貌复杂、自然条件多样的特点，推进农业机械化一定要坚持因地制宜、分类指导的原则。比如，在安宁河流域、“两会盆地”、宁南和盐源等平坝河谷地区，应当把小麦、水稻生产全程机械化，农业生产运输机械化，农产品加工机械化，玉米和烟叶主要生产环节机械化作为发展重点；而在南部山区、丘陵地带和“三江”河谷，除发展农业生产运输机械化和农田作业机械化外，重点要发展山地、坡地小型机械和机械化旱作节水农业。③加快建立以市场为导向、以企业为主体、“产学研用”一体化的农机技术创新体系。现阶段必须首先重点研发推广先进适用技术。林果业要重点研发推广山区林业机械技术和果树植保机械技术；畜牧业要重点研发推广机械化畜禽养殖、饲料加工、粪便和废弃物机械化综合利用等技术；渔业要重点研发推广水产养殖、保鲜、冷冻、储运等机械化作业技术；农产品加工业要重点研发推广粮食、果蔬、畜禽等产品的精深加工机械化技术。④加大农机大户、专业户和农民专业合作组织的培育力度。要整合资源，成立农机专业合作组织，通过农机产业化经营，鼓励农机服务组织承包经营闲置和流转土地，为农户、种养大户、农业企业提供代耕代种代收等系列化农机服务，促进农业发展方式的转变。⑤加强农机与农艺相结合，农机与农业结构调整相结合。⑥要加强农机化人才培养。要充分利用现有的农机化教育培训资源，结合各类培训项目，加强对农民的培训，同时还要建设一支结构合理、业务精通、素质全面的农机化技术推广和管理人才队伍。⑦建立和完善促进农机化投入持续增长的投入机制。⑧通过发展适度规模经营，促进农机化发展。⑨加强对农机安全生产和农机产品质量的执法监督。

第四，要抓好气象服务体系建设。①建立农村气象信息服务互联网网站，进一步增加农村公共气象服务产品，提高农村公共气象服务质量。②大力开发和合理利用气候资源。凉山州具有丰富独特的立体气候资源，气象部门要为开发利用气候资源做好服务工作。③加强农村气象灾害监测网建设。要加快建设农村加密自动气象监测站网，到 2020 年分步完成 500 个左右加密自动气象站的建设工作，提高大气探测时间分辨率、空间分辨率，以及对天气气候、自然灾害及生态环境的监测能力，形成全州农村站点布局合理、现代化程度较高的大气综合探测网。④强化农村气象防灾减灾业务技术体系建设。重点建立健全气象灾害和气象衍生灾害的监测、预报、预防、减灾自动化服务系统。⑤完善农村气象灾害应急服务体系建设。⑥建设生态气象观测系统，重点在西昌、冕宁、昭觉、宁南、木里、盐源、普格等县市建设农业生态气象观测站，逐步完善生态与农业气象业务服务系统，为农业生产发展提供多方面的农业气象业务服务。

（四）构建农村人才支撑体系

建设新农村，发展现代农业，需要加强农业农村人才队伍建设，造就一支数量庞大、结构合理、总体素质优良的农业农村人才队伍。①要继续深入实施“阳光工程”“绿色证书工程”“新型农民科技培训工程”“农业科技入户工程”“科普惠农兴村计划”等项目，并适时启动实施一些农业农村人才队伍建设的新项目，依托这些项目，不断推进农业农村人才队伍建设。②要大力发展农业职业教育和农村成人教育。教育发展是人才培养的基础，重点是要建立健全县、乡、村三级农村教育培训网络，充分发挥农村中小学校、职业学校、成人学校、农业广播电视学校和农村党员干部现代远程教育系统等教育培训资源在农村实用人才培训中的主渠道作用，不断推进农业职业教育和农村成人教育的发展。结合凉山州实际，要大力推进“彝区免费职业教育计划”和“藏区 9+3 免费教育计划”的实施，要加快全州中等职业教育免费的进程，并逐步实现城乡中等职业教育一体化。在构建教育培训体系方面，要针对不同产业、不同工种、不同需求、不同培训对象，确定不同的培训重点，采取多种形式，开展分类培训。要特别重视“技术+政策+法规+

管理+信息”五位一体的培训，突出抓好主导专业、主推品种、主要技术的培训，提高农民的科技素质、政策法律素质、经营管理素质、信息采集应用能力和自我发展能力。③要大力推进农村实用型人才队伍建设。要以提高科技素质、职业技能、经营能力为核心，大规模开展农村实用型人才培训。要大力培养村干部、农民专业合作社负责人、到村任职大学生等农村发展带头人；培养农民植保员、防疫员、水利员、信息员、沼气工等农村技能服务型人才；培养种养大户、农机大户、经纪人等农村生产经营型人才；培养新型职业农民。④要全面提高农村公共服务人员的能力。要建立农村基层干部、农村教师、乡村医生、计划生育工作者、基层农技推广人员及其他与农民生产生活相关服务人员的培训制度，加强在岗培训，提高服务能力。在农村医疗队伍建设方面，要特别重视培养民族县、贫困县乡镇卫生院技术骨干。在农村教师队伍建设方面，要在巩固“四川省中小学骨干教师成长计划”“四川省农村教师专业发展计划”“农村义务教育阶段学校教师特设岗位计划”和“烛光计划”在凉山实施效果的基础上，继续加强农村教师队伍建设，不断提高农村教学水平。

五、推进凉山州农业的规模化生产、集约化经营、标准化管理和信息化服务

坚持走组织化、集约化的现代农业发展路子，大力创新农业发展机制，加快凉山州农业的规模化、集约化、标准化和信息化进程。

（一）推进规模化生产

1. 加快城镇化发展，为推进农业规模化生产创造重要条件

城镇化的核心是人的城镇化。加快城镇化发展不仅是实现工业化的重要条件，也是推进农业现代化、农业规模化生产的重要条件。凉山州城镇化进程明显滞后，2012 年全州城镇化率才达到 29.57%，低于全省全国平均水平，70%左右的常住人口仍然在农村，这是导致凉山州传统农业转型缓慢的重要原因，也是农业规模化生产发展缓慢的重要原因。因此，必须加快新型城镇化发展的步伐。

凉山州城镇化发展的总体思路是：坚持新型工业化、新型城镇化、农业现代化“三化”联动，统筹推进城乡一体化建设。以建设现代化的生态田园西昌为核心，着力培育和发展安宁河谷生态城镇群，构建沿京昆高速和 108 国道的城镇密集带，做大做强重点县城，加快发展一般县城和小城镇，构建科学完善的城乡建设体系；提高城镇综合承载力、集聚力和辐射力，建设美丽、富饶、文明、和谐新凉山。

未来凉山州城镇化发展应当抓住以下重点：

（1）优化城镇空间布局。根据凉山实际情况，凉山州城镇的空间布局应当划分为五大板块，即大西昌经济圈板块（包括西昌、冕宁、德昌）、北部片区板块（包括越西、喜德、甘洛）、南部片区板块（包括会理、会东、宁南、普格）、东部片区板块（包括昭觉、金阳、布拖、美姑、雷波）、西部片区板块（包括盐源、木里）。在大西昌经济圈板块，要着力建设西昌生态田园城市，进一步强化西昌在全州的政治、经济、文化中心地位，增强西昌市的聚集和辐射功能；积极统筹和协调推进西昌、德昌、冕宁一体化建设，争取把德昌和冕宁建成产业转移的主要承接地。在北部片区板块，要加强以甘洛为代表的铅锌矿资源

的有序开发和利用，注重越西文昌文化和喜德母语文化的开发和宣传，促进旅游产业的发展，进一步强化县城的中心聚集功能，优化发展空间，加强工业园区、生活居住区、城乡交通枢纽和生态环境建设，把做强产业、完善功能、集聚人口摆在突出位置，全面提升城市的综合实力和辐射带动能力，为县域经济社会发展提供强有力的支撑。东部片区板块的主要任务是加强民族文化旅游资源和金沙江河谷的资源开发，抓好城乡交通基础设施建设，增强县城的集聚和辐射功能，争取把该片区的每个县城都建成地域特色突出、产业基础配套、生态环境良好的县城，为承接产业转移打好基础。南部片区板块的主要任务是配合“两会经济增长极”的培育，努力做大做强城镇。加快会理县城的发展，将其打造为凉山南部区域中心城市；把会东县城建设成为现代化山水小城市。在西部片区板块，要根据资源禀赋，统筹协调，有序开发水电、矿产和旅游资源，加强交通设施的建设，强化县城的辐射带动功能，强化盐源县城在西部片区的带动作用，力争把九百里洛克旅游线建设成香格里拉大环线的目的地。

（2）加快把西昌建设成为现代生态田园城市。围绕建设现代生态田园西昌总目标和川滇枢纽、州府中心、西部水城、五彩西昌的城市定位，优化空间布局，明晰城市板块功能，形成“一轴一带多组团，山水田园连城区”的城市发展格局。

（3）推进大西昌经济圈的形成，构建新型城镇体系。西昌要与冕宁、德昌等县密切协作配合，统一规划、统一布局，共同稳步推进大西昌经济圈的形成。要根据西昌经济圈辐射能力弱、吸纳能力强的特点，强化西昌经济圈极核效应，放大西昌经济圈辐射功能，使吸纳能力与辐射功能进一步协调，积极推动西昌、冕宁、德昌的一体化进程，形成多个国家级、省级产业园区，建成攀西资源创新开发、综合利用的战略高地。在此基础上，主动对接、自动融入“攀西城市群”的建设发展，构建以大西昌经济圈为中心、其他县城为骨干、重点集镇为基础的城市功能完善、产业合理分工、人口合理分布的新型城镇体系。

（4）确定重点县城和一般县城，明确各自不同的发展重点。重点县城要按照城市标准来规划、建设和管理。一般县城要着力做强产业、完善功能、集聚人口、优化发展空间，提高承接产业转移、产业升级和人口转移的能力。

2. 促进土地流转，积极发展多种形式的适度规模经营

根据凉山实际，积极探索土地承包关系保持稳定并长久不变的具体实现形式，在坚持依法、自愿、有偿的前提下，引导农村土地承包经营权有序流转，鼓励和支持承包土地向专业大户、农民合作社和家庭农场流转，发展多种形式的适度规模经营，创新农业生产经营模式。促进土地流转不能强迫命令，不得损害农民权益，不得改变土地用途，不得破坏农业综合生产能力。要规范土地流转程序，逐步健全县乡村三级服务网络，强化信息沟通、政策咨询、合同签订、价格评估等流转服务。此外，还要加强农村土地承包经营纠纷调解仲裁体系建设。在土地的具体流转形式上，可以采取租赁经营、互换重组、转让经营、土地股份合作、基地带动等多种形式。比如，可以组建村、社和农村社区集体土地股份合作社，发展土地规模经营，实现土地增值，确保股权增值；可以探索发展“田园工厂”模式，由县（乡）政府确认土地所有权属不变、土地承包权属农户不变，引导龙头企业与农户协商，集中租赁农户土地建设“田园工厂”，从事企业化、专业化、现代化的农业生产经营活动，而农民与龙头企业之间，则通过合同确认土地租赁关系和劳动聘用关系，农民可继续留在原有土地上从事农业生产活动。

3. 创新生产组织形式

大力培育农业生产经营大户，通过土地流转、农业富余劳动力转移输出、农村非农产业发展等途径，减少从事种养业的劳动力，同时推进马铃薯、烟叶、蚕桑、特色经济林等产业向最适宜区域集中、向连片种植集中、向种植大户集中，推进特色养殖产业向养殖大户集中，从而扩大生产经营规模，实现规模经济效益。要积极发展农场化经营模式，既要鼓励和大力支持农民发展家庭农场，也可以探索“龙头企业+种养能手+农户”“龙头企业+农场经营者+农户”的农场化现代农业发展方式。此外，在农业生产经营组织形式的创新方面，还可以探索“金融机构+担保公司+保险公司+龙头企业+合作社+农户”的多方合作的现代农业发展模式。

4. 大力发展“一村一品”

全州各地要充分发挥当地的资源优势，调整优化产业结构，形成各具特色的马铃薯、烟叶、蚕桑、甘蔗、水果、蔬菜、畜牧业、花卉、经济林、中药材、生态观光旅游等主导产业和主导产品，大量发展专业村尤其是标准专业村。专业村生产的食用农产品应全部达到无公害标准，其中一部分农产品应达到绿色食品标准或达到有机农产品标准。

（二）推进集约化经营

要大力提高农户经营的集约化水平，引导农户采用先进生产手段、先进适用技术和现代化生产要素，推动农业生产经营方式的转变。要坚持精耕细作、密集使用生产要素，不断提高要素产出率，走科技驱动型、内涵提升型的农业发展道路。

1. 坚持精耕细作

一是要加强农业技术推广。积极推广农业机械化作业，用先进技术装备提高农业生产水平和土地产出率；广泛运用现代农业科学技术，推广良种良法，改进传统耕作方法、耕作制度，改进传统种养业模式，提高种养业的产量、收益。二是要实施标准化技术规程。坚持节约土地、节能降耗的原则，根据国家技术标准，制定并实施符合凉山实际的主要产业、主要农作物精耕细作技术规程和管理规程。

2. 促进专业化分工

促进农业产前、产中、产后专业化分工分业的发展。产前，重点发展种子、种苗、农资供应等专业化分工；产中，重点发展农机化、病虫害防治、测土配方施肥、兽医服务等专业化分工；产后，重点发展农产品加工、包装、储存、运输、销售等专业化分工，不断提高农业专业化水平。同时，要适应农业专业化发展对现代农业劳动者的需要，大力培养新型职业农民，不断加强职业化农民队伍建设。

3. 积极发展循环农业

一是要树立循环经济理念，要以减量化、再利用、资源化为原则，依靠科学技术、政策手段和市场机制，调控农业生产和消费活动，最大限度地提高资源利用效率，最大限度地降低污染排放和资源利用损耗，实现经济、生态和社会效益的统一。二是要大力推广节约型农业技术。要转变农业经济发展方式，提高资源综合循环利用率，以节地、节水、节肥、节药、节能、节种为突破口，推广节约型农业技术。三是要开发利用农业生物能源。以废弃物的资源化利用为重点，同时适度发展能源作物种植，积极开发生物能源。要大力普及农村沼气，加快实施乡村清洁工程。要加快开发以农作物秸秆为主要原料的生物质燃料、肥料、饲料等，推进发展农作物秸秆固体成型燃料和秸秆气化。四是要强化农业自然资源的保护和利用。

4. 探索发展精准农业

从发展趋势看，要以高产、高效为主要目标，将农业带入数字和信息时代。发展精准农业，关键是要通过信息化发展逐步建立起精准农业的十个系统。这十个系统是指全球定位系统、农田信息采集系统、农田遥感监测系统、农田地理信息系统、农业专家系统、智能化农机具系统、环境监测系统、系统集成、网络化管理系统和培训系统，但核心是要建立一个完善的农田地理信息系统。

5. 大力发展设施农业

要围绕高效经济作物、园艺和现代畜牧业的发展，逐步推进设施农业由简易的塑料大棚和温室向自动化、机械化程度极高的现代化大型温室、植物工厂和现代养殖场发展。要推进设施农业的地域化、节能化、专业化、规模化、产业化和高科技化，着力发展无污染、安全、优质、绿色健康的设施农业产品。

6. 大力发展农业产业园区

要制定园区农业发展规划，立足凉山丰富独特的农业资源，充分发挥比较优势，科学规划建设一批示范与带动作用强的现代农业园区。

（三）推进标准化管理

1. 制定完善的农业标准体系

围绕重点产业发展和无公害农产品生产，积极组织制定农业产地环境标准、农业投入品标准、农业生产技术标准和农产品质量安全标准；配套完善种子、种苗、种畜、种禽、农用生产资料、生产技术规程、产品质量等级、检验检测和设施农业等标准；制定名特优农产品生产技术规范，促进特色农产品标准化生产和产业化经营；鼓励龙头企业和农民专业合作组织积极采用国际标准、国家标准，制定先进的企业标准。

2. 提高农业标准化水平

一是要加大农业标准化宣传力度，全面普及农业标准化知识，提高全社会的农业标准化意识。二是要以农村经营管理人才、农村实用型人才、农民经纪人等为培训重点，加大农业标准化知识的培训力度，培养一支既懂得农业技术又懂得农业标准化知识的农村人才队伍，从而提高农业标准化水平。三是要加大农业标准示范区建设力度，积极抓好国家级、省级农业标准化示范区建设。四是要强化产前、产中、产后农业标准化的推广应用，切实加强对整个农业生产经营全过程的标准化管理。五是要充分发挥龙头企业和农民专业合作组织的作用，采取“公司+农户+标准+基地”“专业合作组织+农户+标准+基地”的模式，按照有机食品、绿色食品和无公害食品的质量要求，组织农产品的生产、加工、储运和销售，积极做好有机食品、绿色食品和无公害食品的申报认证工作。

3. 加快检测检验体系建设

建立完善以州级检测中心为龙头、县级农药残留快速监测站为骨干的农业生产资料、农产品质量安全、农业生态环境等监测体系。加大农产品检测力度，监测环节逐步延伸到“从农田至餐桌”的各个环节。加大对农业投入品的监测力度，及时发布监测信息。支持农产品生产基地、加工企业、流通市场建立快速检测点，开展质量自检，确保农产品质量安全。

4. 加大执法监管力度

加强农产品质量安全执法监督，质监、农业、畜牧、药监、工商、环保、卫生等部门，要对农产品生产环境和生产、收购、储存、加工、运输、销售等全过程实行严格监督。

（四）推进信息化服务

1. 加强信息资源的开发利用

一是要加强信息资源的采集与开发利用。进一步拓宽采集渠道，优化信息采集手段，提高信息采集的网络化水平，联合涉农部门，重点做好涉农政策法规、农业科技、动植物疫病、农产品价格、农业资源环境、农产品和农资质量监管、农垦信息、农村劳务、文教卫生等方面信息资源的开发与利用。二是要加快重点数据库建设。加大力度，扩充完善各级农业部门现有数据库资源，进一步加快重点数据库建设，实现数据库联网运行、资源共享，最大限度地发挥数据库资源的作用。三是要加强信息发布。按照“以公开为原则，不公开为例外”的要求，建立健全信息发布制度，开辟发布窗口，拓宽信息发布渠道，确保信息发布的制度化、规范化。

2. 深入实施重点工程

要继续深入推进“金农”工程，在实施好一期工程的基础上，及早规划设计并启动实施二期工程。要继续深入推进“三电合一工程”建设和“信息化村示范工程”建设。

3. 推进信息化网络系统建设

一是要建立完善农业综合信息门户网站。充分利用网络技术，加强整合，形成合力，打造协同合作、上下联动的农业门户网站体系，最大限度地实现资源共享，避免重复建设，提高农业门户网站信息发布（服务）的及时性、针对性和权威性。二是要开发完善农业信息应用系统。增强农业部门经济调节、市场监管和公共服务的能力，开发完善农业和农村经济监测预警、市场监管、市场与科技信息服务三大应用信息系统。三是要加强农村信息化队伍建设。加大培训力度，提高农村信息员的整体素质。重点加强对农业产业化龙头企业、农民专业合作经济组织、中介组织的信息服务人员，以及农业生产经营大户、农村经纪人的培训，通过培训使相关人员符合会收集、会分析、会传播信息的“三会”要求。

六、加快推进新农村建设

建设社会主义新农村是我国现代化进程中的重大战略任务。发展现代农业与建设新农村二者相互促进：发展现代农业是建设新农村的重要内容，而新农村建设的推进又必然推动现代农业的发展。

凉山州推进新农村建设的总体思路是：以科学发展观为指导，抓住我国加快转变经济发展方式和新型工业化、新型城镇化快速推进的有利时机，充分利用凉山州跨越式发展面临的众多机遇，全面推进统筹城乡发展；以建设新民居、塑造新风貌、发展新产业、创建新机制、培育新农民、建好村班子，不断提高农民收入水平和生活质量为目标，把新村建设摆在优先位置，分类推进新民居、新村落建设，整体推进基础设施建设，全面推进现代农业发展，配套推进公共服务建设；加强基层组织建设，规划先行、连片推进、沿线打造、示范带动、政府主导、农民主体、干部帮扶、社会参与、设施突破、产业支撑、民生为本、健康文明，加快农业农村现代化、基础设施配套化、村落民居特色化、公共服务均等化、基层管理民主化步伐，推进凉山全面协调可持续发展。根据凉山州新农村建设规划，凉山州新农村建设的总体目标任务分为近期重点建设（2010—2015年）、中期加速推进（2016—2020年）和远期全面覆盖（2021—2050年）三大阶段性目标。到2015年，全州25%以上的行政村要建设成为达到规划标准的新农村；到2020年，全州60%以上的行政村要建设成为达到规划标准的新农村；到2050年，全州所有的行政村基本建成达到规划标准的新农村。凉山州推进新农村建设的主要路径是：

（一）分类推进新村建设，打造新村落新民居

新村建设是新农村建设的重要切入点和突破口，是推进新农村建设的总抓手。通过抓新村建设促进新农村建设，符合循序渐进的新农村建设规律。因此，凉山州首先应当把新村建设放在新农村建设的突出位置与优先位置，认真抓实抓好。抓好新村建设不仅有利于农民住房条件的改善和村容村貌的美化，而且还有其他多方面的意义。比如，有利于科学规划村庄村落建设，有利于引导农村人口适度集中居住，有利于节约集约利用土地资源，有利于配套搞好农村基础设施和公共服务设施建设，有利于配套抓好农村产业发展。同时，创建人口集聚适度、产业支撑有力、功能设施齐备、环境优美、管理科学民主的新农村综合体和新型农村社区，有利于转变农民的观念，提升农民的素质与技能等。结合凉山州实际，要按照规划先行、突出重点、整合资源、健全机制、分步实施、整体推进的工作思路，以省级新农村示范片建设、“新农村百村示范工程”建设、安宁河谷新农村集中连片示范建设、“百乡千村新村建设工程”为重点，推进全州新村建设。按照新村建设规划，到2020年凉山州将有60%以上的农户入住新村。

凉山州在推进新村建设中应当把握以下重点：①切实加强组织领导，构建整体推进合力。②科学编制和实施新村建设规划。新村建设规划要具有科学性、合理性、可行性和前瞻性，既要结合各地实际，尊重自然环境，尊重历史文化，突出地域风格和民族特色（特别是应当充分挖掘和保留少数民族传统建筑特色和川西南民居、川滇结合部民居风格），又要考虑村落民居结构、功能与形式的创新。在具体规划设计新村落、新民居时，还应当按照“三打破、三提高”（打破“夹皮沟”，提高村庄布局水平；打破“军营式”，提高村落规划水平；打破“火柴

盒”，提高民居设计水平）和“四注重、四提升”（注重风貌塑造，提升整体形象；注重个性特色，提升单体建筑设计水平；注重色彩协调，提升建筑立面美感；注重历史传承，提升建筑文化品位）的要求提高村庄规划、村落布局和民居设计的水平。此外，规划设计新村落、新民居还应当考虑县城、中心镇和新型农村社区的布局要相互协调，农房布局宜聚不宜散，要相对集中，农房设计要适合农民生产生活方式等。③根据因地制宜、分类指导的原则，分类推进新村建设。④建立健全新村建设的多元化投入机制。⑤在新村建设中大力推进基础设施和公共服务设施的配套与完善。⑥充分发挥农民的主体作用，让广大农民参与新村建设的规划、建设和管理全过程。⑦不断强化新村建设的产业支撑。⑧把新村建设与扶贫开发、土地整理、移民搬迁、拆迁安置和产业结构调整结合起来。

（二）整体推进基础设施建设

加强农村基础设施建设，是推进新农村建设的一个重要任务。要加快形成城乡基础设施建设一体化机制，统筹城乡基础设施规划和建设，尽快缩小城乡基础设施差距，构建城乡一体的基础设施体系。要在城乡之间对能源、交通、通信、水利、流通、环保、防灾等基础设施进行统一布局和建设，政府投资建设的交通、能源、水利、通信等基础设施项目不仅要考虑城市的需要，更要考虑农村的需要，要通过重点加强农村基础设施建设不断缩小城乡基础设施差距。还应当重视对城乡生态环境实行统一规划和建设，着力构建城乡衔接的绿化和环保基础设施体系。按照“谁受益，谁付费，谁污染，谁治理，谁赔偿”的原则，统筹划分城乡生态建设、环境保护和污染治理责任，建立生态破坏和环境污染补偿机制。要对城乡污染防治实行统一规划，杜绝城市的污染企业、污染项目以及城市废水、城市垃圾向农村转移。

（三）全面推进现代农业发展，加强新农村建设的产业支撑

发展现代农业符合农业发展规律，是新农村建设的首要任务，是促进农民增收的基本途径，是提高农业综合生产能力的必由之路，是建设新农村的产业基础。因此，凉山州必须立足资源条件、因地制宜、面向市场、发挥优势、依靠科技、创新体制、遵循规律，全面构建凉山现代农业产业体系。从产业部门的角度看，凉山州应当构建由优质粮食产业、特色经作产业、现代林业产业、现代畜牧业、特色水产业、农产品加工业、乡村旅游业、农村服务业等组成的现代农业产业体系。从产业类型的角度看，凉山州在推进新农村建设的过程中，根据因地制宜培育产业支撑体系的原则，应当重点发展以下七种产业类型：①发展特色产业支撑型。在优质粮食、反季节蔬菜、烟叶、水果、蚕桑、花卉、经济林木和特色养殖业等产业优势突出的行政村，推行农民主体建设模式，依托当地主导产业及龙头企业，按照现代农业的发展要求，大力发展优势特色产业，推进新农村建设。②发展乡村旅游主导型。依托自然风貌、旅游景区景点、民族风情浓郁的山寨和绿色特色产业发展成效显著的村落，鼓励和支持当地企业和农民大力发展旅游商品和旅游服务业，发展休闲度假、民族文化旅游和观光农业，促进一、三产业互动，强化产业支撑。③发展工业企业带动型。在工业开发区、矿区、库区附近或以农业产业化龙头企业为支撑的行政村，依托大企业、大项目，发展二、三产业，推进新农村建设。④发展商贸流通服务型。在铁路车站、国道两旁、高速公路出口等交通节点及城郊结合部这类有一定商贸流通规模并初步具备仓储、物流中心功能的行政村，大力发展农村商贸业和农产品流通业，夯实农民增收基础。⑤发展生态家园建设型。在森林、

库区、河流或生态保护区附近的行政村，通过旧村改造、“一池三改”、整治村容村貌，保护生态环境，发展生态产业，推进新农村建设。⑥发展城镇引领融入型。在城市近郊区或较大规模的中心乡镇、农业园区，充分发挥城镇和农业园区的带动作用，引导农民大力发展农村一、三产业，建设新农村。⑦发展扶贫开发提高型。在二半山区行政村，充分发挥立体农业优势，发展反季节特色农业产业，改善水利、交通、通信等基础设施，整治村容村貌，保护生态环境，加大扶贫开发力度，加快新农村建设步伐。

（四）配套推进公共服务

按照城乡基本公共服务均等化和社会建设一体化的要求，积极推进“1+6”村级公共服务中心建设，即“村级组织+便民服务中心、农民培训中心、文化体育中心、卫生计生中心、综治调解中心、农家购物中心”建设，促进公共服务由单一功能向综合服务转变。要统筹配置城乡公共服务资源，由政府提供和主导的公共服务要覆盖到所有城乡居民，同时还要统筹配置城乡社会发展资源。比如：凉山州应当加快推进县域内基础教育资源在城乡间的均衡配置；应当调整科技资源配置，加大涉农科技投入；应当改革公益性医疗卫生资源的配置管理，加快建立健全农村三级医疗卫生服务网络，重点是加强县以下医疗卫生服务体系建设；应当统筹城乡劳动就业，逐步建立城乡一体的人力资源市场和就业服务体系；应当逐步健全农村社会保障体系，“新农合”和“新农保”制度要继续巩固和完善，其他农村社保制度也要建立，同时应当探索建立城乡社会保障相互衔接和转移的机制；应当推进农村社区化管理，以建设新型农村社区为契机，提高农村社区建设水平和农村社会管理水平。

（五）不断拓宽农民增收渠道

凉山州同样存在城乡发展不平衡、城乡二元结构明显、城乡居民收入差距较大的问题，而且目前凉山州的农民人均纯收入低于全国和四川省的人均水平，所以大力提高凉山农民收入应当是新农村建设的一个十分重要的目标。应当从农村内外部，多层面、宽范围开辟农民增收渠道，促进农民收入持续增长。结合凉山实际，拓宽农民增收渠道应当采取的措施包括建设现代农业、调整农业结构、发展劳务经济、加快城镇化进程、推进扶贫攻坚、落实强农惠农富农政策、完善农村产权制度。

（六）强化农村基层组织建设，为新农村建设提供保障

只有切实加强以党组织为核心的农村基层组织建设，才能为新农村建设提供组织保障。要强化农村基层党组织建设，充分发挥基层党组织的战斗堡垒作用；要加强农村基层民主管理，进一步健全村党组织领导的充满活力的村民自治机制；加强农村基层组织建设，确保新农村建设的顺利推进，确保新农村建设中广大农民主体作用的发挥。

（七）完善农村发展体制机制，营造新农村建设的良好体制环境

不断完善农村发展的体制机制，是农业农村持续稳定发展的需要，也是推进新农村建设的需要。只有农村发展的体制机制日益完善，才能为农业农村发展和新农村建设提供一个良好的体制环境。完善农村发展体制机制，需要不断深化农村改革。一是要坚持和完善农村基本经营制度，在现有土地承包关系保持稳定并长久不变的前提下，统一经营层次要按提高组织化程度的要求完善，家庭经营层次要按提高集约化程度的要求完善。

二是要巩固农村综合改革的成果并继续深化农村综合改革。三是要改革完善农村集体产权制度，有效保障农民财产权利。四是要深化农村金融体制改革，健全农村金融体系。五是要统筹推进农村其他重要改革。在全面深化城乡配套改革的大背景下，深入推进农村改革，完善农村发展体制机制。

（八）统筹城乡发展，推进新农村建设

结合凉山州实际，统筹土地利用和城乡规划，统筹城乡产业发展，统筹城乡基础设施建设和公共服务，统筹城乡劳动就业，统筹城乡社会管理，关键是要构建城乡经济社会发展一体化的新机制，通过统筹城乡发展推进新农村建设。

七、加快凉山州扶贫开发进程

长期以来，贫困问题困扰着凉山州经济社会的发展。凉山州贫困人口主要集中在农村。凉山州应该把推进扶贫开发与推进现代农业建设结合起来，在推进扶贫开发中建设现代农业，通过建设现代农业带动扶贫开发。因此，深入推进扶贫开发是凉山州发展现代农业的路径之一。凉山州是资源大州，但又属于贫困地区。随着扶贫开发的推进，凉山州扶贫事业已取得很大成就，比如贫困人口显著下降、贫困群众安居问题逐步得到解决、贫困区域生产生活条件明显改善、产业支撑有所加强、社会事业加快发展等。但是，凉山州扶贫攻坚的任务仍然很艰巨，主要原因是：第一，贫困人口面广、量大。全州 17 个县市中，有 11 个是国家扶贫开发工作重点县；按照年人均纯收入 2300 元的扶贫标准，凉山州还有贫困人口 107.67 万人。第二，发展不平衡、发展水平不高。凉山州内各县市经济发展不平衡，

比如2010年凉山州17个县市中11个国家扶贫开发工作重点县创造的GDP和地方财政一般预算收入分别只占全州的29.25%和28.76%。从经济发展水平看，2010年全州人均生产总值、城镇居民人均可支配收入、农民人均纯收入分别仅为全国的58.5%、77.9%、76.8%和全省的82.9%、96.2%、88.7%。2010年凉山城镇化率分别比全国、全省低20.4和10.9个百分点。第三，基础设施薄弱，环境条件差。比如目前全州仍有11个乡镇、740个建制村不通公路，1096个村不通电，26.13万人居住在不宜人居的高寒山区、严重干旱缺水地区和滑坡泥石流等自然灾害威胁较严重的地区。第四，自我发展能力不足。比如2010年凉山州人均地方财政一般预算收入为1309元，仅相当于全国、全省平均水平的43%和67.4%，人均地方财政一般预算支出为3982元，相当于全国、全省的71.8%和75.2%。财政信贷基础薄弱，加之社会保障和公共服务体系不完善，以及贫困农民收入低、受教育程度低等，导致凉山州贫困区域的自我发展能力严重不足。第五，穷、愚、病、毒问题交织，教育、卫生、文化等社会事业发展滞后，基本公共服务水平低。凉山贫困地区具有小学文化程度的人口仅占农村总人口的19%，初中仅占6.5%，高中仅占1.5%，贫困彝区群众受教育年限不足6年，远低于全省9年的平均水平。卫生人力资源也总体匮乏，每千人口卫生技术人员仅相当于全省平均值的72.5%。同时，凉山已成为毒品重灾区和艾滋病重疫区之一。毒品问题、艾滋病问题与贫困问题相互交织，成为危害群众健康、阻碍经济社会发展、影响社会和谐稳定的重大社会问题，成为扶贫攻坚的最大难点。凉山州扶贫攻坚面临的严峻形势说明了深入推进凉山扶贫开发的紧迫性和重要性。推进凉山扶贫开发，全面完成扶贫攻坚任务，关系到凉山经济社会的全面协调可持续发展，关系到凉山工业化、城镇化、现代化的顺利推进，关系到凉山全面建成小康社会目标的实现，也关系到凉山现代农业发展目标和现代农业强州建设目标的实现。

继续深入推进凉山州扶贫开发需要以下两大基本前提：

第一，国家实施《中国农村扶贫开发纲要（2011—2020年）》《乌蒙山片区区域发展与扶贫攻坚规划（2011—2020年）》，四川省实施《四川省农村扶贫开发纲要（2011—2020年）》《四川省乌蒙山片区区域发展与扶贫攻坚规划》《关于加快推进彝区跨越式发展的意见》《大小凉山综合扶贫开发规划总体思路（2010—2020年）》《安宁河谷地区跨越式发展规划（2010—2020年）》，给凉山州继续深入推进扶贫开发带来了多方面的政策机遇，一定要用好这些重大政策。

第二，应当按照凉山州扶贫开发的总体要求和基本原则，努力实现扶贫开发的目标任务。

总体要求是：坚持开发式扶贫方针，整合政策资源，加大投入力度，以重点贫困村连片特困地区为重点，以贫困人口为基本扶持对象，把增加扶贫对象收入、尽快稳定解决温饱并实现脱贫致富、缩小发展差距作为首要任务，提升扶贫对象的自我发展能力，实现基本公共服务均等化，解决制约发展的突出问题，推动全域全程全面小康建设，为建设美丽富饶文明和谐新凉山奠定坚实基础。

基本原则：一是瞄准对象，分类指导。要按照国家扶贫标准，对贫困人口实施扶贫政策，同时要对不同类型的贫困地区进行分类指导，实行有针对性的扶贫政策。二是综合开发，持续发展。扶贫开发应当把改善贫困地区生产生活条件、发展特色支柱产业、增加贫困农民收入、提高贫困人口自我发展能力、发展农村社会事业、保护生态环境、推进城镇化、建设新农村、建立完善农村社会保障制度等内容紧密结合起来。三是连片攻坚，梯次推进。要按照聚合资源、整体联动、连片攻坚、梯次推进的思路，突破行政区划界限，集中连片编制各项规划，完善基础配套，培育产业项目，推进改革试点，改变落后面貌。做到规划一步到位，实施梯次推进。四是突出重点，抓点示范。要把人口基数大、贫困人口多的地方作为扶贫开发的重点区域，突出抓好新村建设、产业培育和贫困农民素质提升等重点工作。同时，要加大对扶贫开发示范点和示范区资金和项目的支持力度，搞好扶贫开发的示范点和示范区，形成示范引领典型带动的良好推进态势。五是市场运作，多元投入。充分发挥市场机制的作用，积极运用各种市场手段，盘活贫困地区农村各类资源，同时大力引导州内州外的各种生产要素和资源进入贫困区域参与扶贫开发。六是社会参与，合力攻坚。要充分调动各行各业、社会各界参与扶贫开发的积极性，完善帮扶机制，拓展帮扶领域，扩大帮扶规模，提高帮扶水平，形成强大工作合力，构建专项扶贫、行业扶贫、社会扶贫“三位一体”的大扶贫工作格局。七是政府主导，群众主体。政府在扶贫开发规划编制、政策引导、项目支持和项目实施中起主导作用，同时要尊重扶贫对象的主体地位，充分发挥扶贫对象的主动性、积极性和创造性。

凉山州提出的到2020年扶贫开发要完成的目标任务是：稳定实现扶贫对象不愁吃、不愁穿，保障其义务教育、基本医疗和住房，稳步提高城镇居民人均可支配收入，农民人均纯收入增幅明显高于全国平均水平；基础设施日趋完善，基本公共服务主要领域指标接近全国平均水平，农村社会保障和服务水平进一步提升；生态系统良性循环，形成结构优化、密切协作的产业发展格局，发展差距扩大趋势得到扭转，与全省同步实现全面小康。

面向未来，凉山州应采取如下措施深入推进扶贫开发：

（1）以新村建设为载体，按照分类指导和分类扶持的思路，将全州划分为大凉山彝区、木里藏区和安宁河谷地区三大片，加快推进扶贫开发。在大凉山彝区要以“彝家新寨”建设为载体，以整村连片扶贫开发为抓手，实行3~4个村的连片开发，集中连片编制实施规划，完善配套设施，培育特色产业，使扶贫开发整村连片推进，在彝区的高寒山区要实施危房改造和人居环境改造工程；在木里藏区要以牧民新村建设为载体，大力实施生态移民、易地扶贫搬迁、新村扶贫和产业扶贫工程；在安宁河谷地区要以新村建设为载体，整合各类资源，大力推进新村建设。新村建设要坚持集约节约用地和科学规划设计的原则，要与产业发展和城镇建设相协调。新村建设还要重视配套推进基础设施建设和公共服务设施建设，有条件的地方应当建设一批新农村综合体，打造一批农村新型社区。

（2）大力推进产业扶贫，加强扶贫开发的产业支撑。只有打牢产业基础，才能提高扶贫开发成效，才能巩固扶贫开发成果，并为贫困地区经济可持续发展创造基本条件。凉山州内的贫困地区，一般也是特色资源尤其是特色农业资源的富集地区。应当立足资源优势，面向市场需要，从政策、科技、投入等方面采取支持措施，大力培育发展现代特色农业产业，从而将资源优势转化为产业优势，并不断夯实贫困地区脱贫致富的产业基础。要加强贫困地区特色农产品、特色经济作物、特色畜牧产品和特色林产品生产基地建设，不断提高特色农林牧产品生产的规模化、标准化水平。积极引进培育农业产业化龙头企业，发展多种形式的新型农民合作组织，推动贫困地区农业产业化经营加快发展，延长农业产业链，提高农业的附加值，有效增加农民收入。同时，农民组织化程度的提高也有利于增强贫困地区农业抵御市场风险、自然风险和技术风险的能力。凉山州内的贫困地区除了具有发展特色农业的资源优势外，还具有发展乡村旅游的资源优势，因此，还应当大力促进贫困地区乡村旅游业的发展。要以重点旅游景区为依托，大力发展乡村旅游。加强乡村旅游宣传推广工作，扩大乡村旅游的空间、延长乡村旅游的线路，大力发展具有民族特色的旅游纪念品、民族工艺品和名优土特产品，推进乡村旅游发展模式的创新。要把发展乡村旅游与发展休闲观光农业结合起来，打造一批特色旅游镇、村、寨，创建一批省级乡村旅游示范县、乡、村，发展一批星级农家乐和乡村酒店，推出一批乡村旅游节庆活动。总之，要通过大力发展乡村旅游业来促进凉山州的扶贫开发，要把乡村旅游业培育成为有效带动凉山农民脱贫致富的支柱产业。

（3）大力加强基础设施建设，突破基础设施的瓶颈制约。深入推进凉山州扶贫开发，必须解决基础设施的瓶颈制约问题。在交通建设方面，不仅要加快国省干线及重点公路建设，还要加强通乡通村公路建设，并努力提高公路的等级和质量。在水利建设方面，要以大中型骨干水利项目为重点，坚持大、中、小、微并举，着力解决工程性缺水问题，全面夯实农田水利基础，突出加强薄弱环节建设，大力发展民生水利，不断深化水利改革，加快建设节水型社会，促进水利可持续发展。在农田基本建设方面，要大力实施以中低产田土改造为重点的高标准农田建设，通过实施农业综合开发、新增粮食生产能力田间工程、国土整治、现代烟草农业烟田治理、基本口粮田建设等高标准农田建设项目，大力改良耕地，提高耕地质量，提高农业综合生产能力。在能源建设方面，通过实施农村电网改造升级工程，提升农网供电可靠性和供电能力，基本建成安全可靠、节能环保、技术先进、管理规范的新型农村电网。要因地制宜，积极发展农村沼气和农村水电，还要开发利用太阳能，改善农村用能条件，构建清洁、安全、经济、低碳的农村能源供给体系。在通信网络建设方面，要加快新一代移动通信、下一代互联网、数字电视、卫星通信等网络设施建设，积极推进“三网融合”以提高信息网络资源利用效率；要全面实施自然村通电话工程，加快完善互联网信息服务、多媒体信息服务和手机短信服务等综合信息服务体系建设；加快实施乡乡通邮工程。

（4）加强农民技能培训。全面提升贫困地区农民的素质与技能，既是扶贫开发的重要任务，又是深入推进扶贫开发的重要条件。为此，必须建立健全农民教育培训体系，全面开展对农村转移输出劳动力、农业劳动力和农业后备劳动力的培训。对农村转移输出劳动力的培训，要以劳务输出由粗放型、体力型向智能型、技能型转变作为目标；对农业劳动力和农业后备劳动力的培训，要以培养新型职业农民作为目标。大力发展职业教育是提高农业农村劳动者素质与技能的重要途径。在推进职业教育发展的过程中，要特别重视深入实施“藏区9+3免费教育计划”和“彝区免费职教计划”。

（5）大力发展农村教育、卫生、文化和体育事业，实现城乡基本公共服务均等化。

（6）大力推进农村社会保障体系、社会就业体系和社会服务体系建设。要推动新型农村合作医疗制度、新型农村社会养老保险制度和农村社会救助制度的统筹发展，逐步健全农村社会保障体系；要建立和完善城乡一体化的就业制度和公共就业服务体系；要大力推进农村社会服务体系建设，以满足农村发展出现的多方面的社会需求。

（7）大力实施艾滋病防治、禁毒等社会综合治理工程。

（8）大力推进生态环境建设。推进扶贫开发应当与切实加强生态环境建设和保护紧密结合起来，应当让扶贫开发的经济效益、社会效益和生态效益同步提高。为此，凉山州在推进扶贫开发过程中，在加强生态环境建设和保护方面的主要措施应当是：科学合理开发利用土地、森林、矿产等自然资源；大力实施退耕还林、植树造林、天然林资源保护、水土保持等生态工程；大力改善人居环境，实现村庄绿化和院落美化；大力发展生态产业；切实加强农村面源污染防治；全面实施农村清洁工程。

（9）通过制定实施扶贫开发规划、积极争取政策支持、持续加大扶贫投入、大力开展行业扶贫和社会扶贫等措施，进一步加快凉山州扶贫开发进程。其中，持续加大扶贫投入是难度相对较大、但是对加快推进凉山州反贫困进程又是至关重要的措施。持续加大扶贫投入有下面五条途径：①强化项目支撑，坚持把项目作为扶贫开发的“抓手”和“引擎”，把抓项目作为抓扶贫、求发展的有效载体，充分发挥扶贫项目资金的带动作用，以项目集聚生产要素，以项目引导社会资金，打破连片贫困地区扶贫开发的资金投入瓶颈。打好“民族地区牌”和“深度贫困地区牌”，把握国家扶贫开发的财税、金融、投资等政策走向，用好用活用足扶贫政策，争取中央财政和省级财政加大对凉山州的一般性转移支付力度。把握“国家大型项目、重点工程和新兴产业要优先向符合条件的特困地区安排”等政策机遇，深度储备、精心包装一批重大项目，积极争取更多扶贫项目投入凉山州。②完善地方财政扶贫投入增长机制。地方各级财政应当建立与本地区经济社会发展水平相适应的财政扶贫投入增长机制，至少要比上年地方财政预算安排的扶贫资金同比增长不低于10%。③推进资金整合。按照“统一规划，各司其职，捆绑使用，用途不变，各记其功，形成合力”的原则，以财政扶贫资金为平台，加大各类涉农项目资金整合力度，产生项目资金集聚效果，发挥乘数效应，集中投入多村连片扶贫开发片区。建立健全项目资金整合长效机制，推进扶贫资金使用机制的创新、扶贫项目整合安排的创新和管理方式的创新，促进项目资金由分散投入向集中统筹转变，着力提高财政扶贫资金的使用效益。④探索建立市场化投入机制。坚持开发式扶贫方针，运用市场机制，突出经营理念，探索自然资源的市场化开发和农村产权的市场化流转，努力走出一条以市场化、产业化和社会化推动扶贫开发的新路子。大力培育贫困地区农村群众的市场观念和竞争意识，积极发展农民经纪人队伍、农村专业协会和农民专业合作组织，提高农民进入市场的组织化程度。运用市场机制，积极盘活并有效整合农村特色资源，充分发挥比较优势，大力提高资源开发水平，不断增强贫困地区经济的市场竞争力，改进扶贫项目的实施方式，合理引入竞争机制，使有限的扶贫资金产生最大的投资效益。⑤搭建融资平台。加强金融服务，拓宽融资渠道，创新融资方式，多渠道解决扶贫开发和建设的资金困难。积极组建、引进各类金融机构，不断完善金融服务体系，推动民间金融发展，为民营企业、中小企业、“三农”产业、民生工程提供便捷、高效、优质的金融服务，满足其各类金融需求。凉山州各级各类金融机构要大力支持凉山特色产业发展，加大对贫困地区民生工程、基础设施、产业发展、社会事业、公共服务和生态环境等方面的投入力度，要积极推动贫困地区金融产品和金融服务方式的创新，为扶贫对象开展生产经营活动提供资金支持。要着力解决农村金融服务空白点问题，尽快实现贫困地区金融服务全覆盖，不断拓宽扶贫龙头企业和贫困地区、贫困群众的融资渠道，并提供方便高效的支付、结算等金融服务。要鼓励、支持金融创新，促进全州银行业机构创新“三农”金融服务，加快商业化运作，拓宽业务范围，加大对农业基础设施、农业开发和新村建设的信贷支持力度。要鼓励、支持贫困地区金融机构将当地吸收的存款（或新增可贷资金）的70%以上留在当地使用，支持当地经济发展。

八、大力推进凉山州农业产业结构调整

产业结构调整的动因来自供给和需求两方面，供给方面的深刻原因是技术进步和技术创新，需求方面的原因则是消费变化与消费升级。因此，发展现代农业的过程，必然也是农业产业结构调整优化的过程。结合凉山实际，农业产业结构调整要把握以下三大主攻方向：一是要着力调整农业产业的部门结构，二是要着力调整农业产业的区域结构，三是要着力调整农业产业的类型结构。

（一）调整农业产业的部门结构

充分发挥凉山州种植业、畜牧业、林业的独特优势。种植业结构调整要重点抓好优质烤烟、优质蚕茧、绿色马铃薯、优质苦荞麦、早市错季蔬菜、特色水果、特色花卉、优质粳稻八大特色优势产业的发展。畜牧业结构的调整要立足凉山州饲料粮供应不足、草山草坡资源丰富的特点，不断调整优化畜牧业生产结构。优化发展生猪产业，实施生猪标准化规模养殖，加快推进新增150万头生猪生产能力工程，加快建设优质商品猪战略保障基地。大力发展有比较优势和市场潜力的肉牛、肉羊、奶牛、特色小家畜禽，加快推进新增150万头优质草食畜生产能力工程，“以草换肉”“以秸秆换肉奶”，形成特色鲜明、优势突出、效益良好的养殖结构。推进畜禽良种工程建设，不断提高畜禽良种和优质牧草的比重，形成特色品种优势。林业产业结构的调整要注重培育大基地和发展大产业，培育大基地的对象是特色优势经果林基地、速生丰产用材林基地、林药林化原料林基地和森林食品基地，发展大产业的对象是特色优势林果产业、木材精深加工产业、森林食品产业、林药林化产业和生态旅游产业。

（二）调整农业产业的区域结构

凉山州应当先抓好“两翼”即安宁河谷地区和金沙江下游地区特色优势农业产业的发展，通过“两翼”特色农业产业的“起飞”辐射带动全州特色农业的发展。具体来讲，安宁河谷地区要充分利用区域内立体气候优势，加快发展循环农业和立体农业，以自然生态为基础，按照优势优先发展的原则，实现规模化经营、标准化生产和产业化发展，形成具有较强市场竞争力的现代特色农业产业体系，以名优特新农产品品牌创建为依托，建成全省特色农业率先发展区、粮食增产战略后备区和现代农业创新示范区。安宁河谷地区应将发展重点放在特色种植业、特色畜牧业、特色水产业和特色农产品加工业上。由于对安宁河谷地区特色产业的介绍宣传和研究分析已经较多，所以这里重点介绍凉山州“两翼”中的金沙江下游地区特色农业产业发展规划的主要内容。

凉山州要加快发展金沙江下游特色农业产业，关键是要抓住四川正在加紧打造金沙江下游沿江经济带的重大发展机遇。在这一背景下，凉山州制定了金沙江下游特色农业产业发展规划。根据这一规划，凉山州金沙江下游地区特色农业产业的发展重点和具体目标是：

1. 农产品加工业

（1）优质马铃薯加工

以会理、会东、宁南、雷波、金阳、布拖 6 个县为重点，以豪吉集团、科兴薯业、盐源世富农业公司等为龙头，以生产工业淀粉、变性淀粉、食用精淀粉为主，重点开发粉条、粉丝、非油炸方便面、膨化食品。到 2015 年加工营销马铃薯 50 万吨，到2020年加工营销马铃薯70万吨。

（2）优质苦荞麦加工

以会理、会东、宁南、雷波、金阳、布拖6个县为加工原料基地，建立优质无公害苦荞麦生产基地40万亩。以美姑强劲奥林食品公司、豪吉集团、西昌环太公司、西昌正中食品公司、西昌航飞公司、西昌邛都苦荞麦制品公司、甘洛县彝家山寨科技公司等为龙头，采用食品加工新技术，生产加工苦荞精粉、苦荞面（条）、苦荞糕点、苦荞米、苦荞营养糊、苦荞快餐粉、非油炸方便面，以及全胚茶、超微茶等苦荞茶。到2015年加工苦荞麦到8万吨，到2020年加工苦荞麦16万吨。

（3）烟叶加工

以会理、会东、宁南、金阳4个县为加工原料基地，以四川三益烟草公司、德昌打叶复烤厂为龙头，到2015年加工凉山山地清香型烤烟130万担，到2020年稳定加工烤烟130万担。

（4）蚕丝加工

以会理、会东、宁南、雷波、金阳、布拖6个县为蚕桑加工原料基地，依托宁南银鸿丝业、谊兴丝业、亚杰丝业，会东茧丝绸公司，引进一家茧丝加工龙头企业，以生产生丝为主，通过引进技术、技术改造，重点开发丝、绸、服装等产业，到2015年加工鲜茧4万担，到2020年加工鲜茧5万担。

（5）水果加工

以会理、雷波、宁南等县为生产基地，以会理果果果业公司等为龙头，大力发展石榴、脐橙、香蕉等水果产业。2015年加工石榴浓缩汁1万吨；石榴鲜果的反季节储存达到6万吨；开发石榴酒干红、干白、柔红等系列产品，石榴果醋、果汁饮料、混合饮料等产品。2020年加工石榴浓缩汁2万吨，石榴鲜果的反季节储存达到10万吨。

（6）蔬菜加工

以金阳、雷波等县为加工原料基地，以金阳阿果白魔芋公司、雷波县勒者生态农业开发有限责任公司等为龙头，以加工营销青花椒、白魔芋精粉及粉丝、芋角、雪魔芋等为主，到2015年加工营销青花椒5000吨，鲜魔芋4万吨；到2020年加工营销青花椒6000吨，鲜魔芋5万吨。

（7）中药材加工

以布拖等县为生产基地，以好医生攀西药业为龙头，重点加工以附子、大黄、桑叶、赤芍、贯众、苦杏仁、穿心莲等为原料的中药饮片，以美洲大蠊为原料的康复新药系列产品。到2015年加工中药材3万吨，到2020年加工中药材5万吨。

（8）优质肉类产品加工

以会理、会东、宁南、雷波、金阳、布拖6县为加工原料基地，引进一家猪肉加工龙头企业，以发展优质分割肉、冷冻肉以及凉山特色的甘洛海棠腊肉等为主。在肉牛加工方面，以西昌思奇香、西昌元农为加工龙头企业，以加工手撕牛肉、牛肉干、牛肉脯等传统产品和现代牛肉加工新产品为主，特别注重牦牛肉的开发。到2015年肉类产品加工4万吨，到2020年肉类产品加工8万吨。

（9）特色经济林产品加工

以上述6县为原料基地，以金阳金江农产品公司、会东粮油收贮公司等龙头，以生产加工松子、花椒油、核桃油为主。到2015年加工经济林产品5万吨，到2020年加工经济林产品8万吨。

（10）竹产业加工

以雷波县为加工原料基地，到2015年加工鲜竹5万吨，到2020年加工鲜竹10万吨。

（11）水产品加工

大力加强以雷波、德昌等县为主的绿色商品鱼养殖基地建设，以凉山州晓山春土特产贸易公司为龙头，以发展莼菜、绿色鱼、无公害鱼为重点，到 2015 年加工水产品 0.8 万吨，到 2020 年加工水产品 1 万吨。

2. 园区建设

积极推进农产品加工业园区建设，重点扶持发展涉农企业，延伸农产品深加工产业链，做大做强特色农业产业。以政府组建、企业自建、“大园区+小业主”等模式，加快规划建设一批优质粮食、优质蔬菜、特色水果、花卉苗木、健康养殖、经济林等产业园、特色园、物流园，带动特色产业基地建设和农产品加工业发展。规划兴建采取“政府引导、企业为主”的机制，实行业主负责制，自主经营、自负盈亏，大力引进有实力的现代农业企业进入园区，推行公司化管理。通过企业改组、改造等方式和技术革新，引导、扶持现有农业企业进入农产品加工业园区发展。根据市场需求，推动产销对接，促进园区一、二、三产业共同发展，提升园区产业综合效益。培育园区品牌产品，创建优质农产品品牌，增强园区产品的市场竞争力。制定落实扶持农产品加工业园区发展的政策措施，对园区水、电、路等公益性基础设施建设给予补助，实行土地、信贷优惠，对科技型、成长型企业给予土地政策性优惠，创新对园区企业的金融服务。到 2015 年，在会理县果园乡建成 1100 亩现代农业园区，在会东县海坝乡兴建 20 亩马铃薯收购、冷藏中心，在宁南县披砂镇兴建 4000 亩轻纺产业集群及农产品园区，在金阳县桃坪乡、芦稿镇兴建 50 亩青花椒深加工、白魔芋加工园区。到 2020 年，力争 6 县全部规划建成和完善一批加工业园区。

3. 农民专业合作组织发展

大力发展农民专业合作经济组织，突出农民的主体地位，在农村家庭承包经营的基础上，始终坚持“四民”（民办、民有、民管、民受益）、“四自”（自我组织、自我管理、自我服务、自我受益）方针，不断规范发展农民专业合作组织。

到2015年6县新增农民专业合作经济组织200个，到2020年新增农民专业合作组织300个。为此，要抓好发展重点并实现具体目标的主要对策措施是：

（1）加强农业基础设施建设，提高农业综合生产能力。以路、水、地、气、生态为重点，加强农业基础设施建设，着力改善农业生产条件，增强农业综合生产能力。①加强农业综合开发，进行中低产田土改造。大力实施耕地整治、秸秆还田、平衡施肥，努力提高土地的综合生产能力。②加大节水工程建设，新建微型水利工程，带动雨水集蓄工程建设、水毁水利工程修复、提灌机械维修改造，努力增加农田灌溉面积。加强堤防建设、病险水库整治，为粮食安全、防洪安全提供保证。抓好农村人畜饮水工程，确保人畜饮水安全、卫生。③加强生态建设，不断夯实林业生态基础。④以提高农业机械化和灾害预测预报能力为重点，加强农机化和气象服务体系建设。⑤以农村沼气池建设为重点，大力开发农村能源。

（2）加大基地建设力度，为加工龙头企业提供原料保障。多年来，凉山州立足资源优势，优化区域布局，发展规模经营，成片连片建设规模化、区域化、标准化、产业化特色产业基地，初步形成河谷平坝优质稻、烤烟、甘蔗、蚕桑、石榴、蔬菜、花卉等产业带，二半山烤烟、蚕桑、肉牛、黑山羊产业带，高山优质草食畜、马铃薯、荞麦产业带。今后要狠抓农业标准化生产，建立和完善农业标准化体系，制定完善农业地方标准，新建一批标准化的示范园、产业园、示范区，引导发展标准化生产，为加工龙头企业提供充足原料。

（3）大力培育龙头企业，推进农业产业化经营。以农业产业化经营为突破口，推进特色产业跨越发展，加快凉山彝区农业现代化进程。①继续实行农业产业化经营龙头企业银行贷款贴息政策。②培育农业产业化龙头企业集群，加大开发开放，大力培育引进农产品加工龙头企业，在具有比较优势的区域建立农产品加工业园区，推动农产品加工业向工业园区、集中区聚集发展，逐步培育壮大一批高起点、大规模、带动力强的骨干龙头企业。在烤烟、蚕桑、马铃薯、果蔬、花卉、畜禽产品、中药材等重要产业培育一批重点龙头企业，推进农业产业化龙头企业集群发展。③创新利益联结机制。大力推广订单农业，实行最低保护价收购，提高订单履约率；鼓励龙头企业采取建立风险基金、二次返利等形式，与农户形成较为紧密的利益联结关系；进一步建立和完善“公司+农户”“公司+基地+农户”“公司+专业合作组织+农户”等多种利益联结模式。

（4）大力发展品牌经济，不断提高农产品的竞争力。实施“大凉山农产品”品牌战略，增强品牌意识。做好品牌宣传推荐，千方百计帮助企业打造品牌，积极参加各种博览会、交易会、招商会，通过各种农产品展示展销平台，加大品牌宣传力度，着力提高凉山农产品品牌知名度；加强农产品新品牌开发，注重传统品牌提升，加强品牌保护。特色种植业以烤烟、马铃薯、蚕茧、苦荞、燕麦、脐橙等产品为重点，特色养殖业以“会理黑山羊”“会东黑山羊”“布拖乌金猪”等产品为重点，特色经济林以（青）花椒、核桃、野生菌、竹制品为重点，加大品牌培育和创建力度，积极培育中国名牌、中国驰名商标、四川省名牌、四川省著名商标。

（5）加快农民专业合作组织发展，着力提高组织化水平。大力宣传实施《农民专业合作社法》，依法规范农民专业合作组织的运作，切实维护专业合作组织及其成员的合法权益。①突出规范发展。引导帮助农民专业合作经济组织建立内部管理制度，设立成员账户。②突出政策扶持。认真贯彻落实国家农业部、财政部、税务总局等出台的发展农民专业合作组织的政策意见。有关部门要加强服务，指导农民专业合作经济组织做好项目贮备工作，及时争取国家、省、州的项目资金扶持。③突出主体培育。加强农民专业合作社负责人和合作组织成员的培训，大力宣传农民专业合作社的相关政策法规、合作知识、典型经验，不断增强成员的合作理念。④突出典型示范。继续开展“州级示范农民专合组织”建设，落实资金50万元，扶持专业合作组织发展。

（三）调整农业产业的类型结构

凉山州农业产业结构的调整，除了上述农业产业的部门结构调整和农业产业的区域结构调整两大主攻方向外，还应当调整农业产业的类型结构。在农业产业的类型结构调整方面，一大重点任务就是必须大力发展凉山的设施农业。凉山州设施农业的发展已经取得初步成绩，形成一定规模。2008年以来，凉山州先后从价调基金中拿出2650万元用于扶持设施蔬菜发展，2010年又把花卉确定为战略性新兴产业。到2012年，全州各类设施生产面积达3.5万亩，比2008年翻了一番，其中设施蔬菜1万亩（包括工厂化育苗场16亩），设施葡萄1万亩，设施花卉0.8万亩，设施西瓜0.6万亩，设施食用菌0.1万亩（包括金针菇生产库6000立方米），马铃薯网室120亩，有各类温室0.2万亩，大棚2.2万亩，中棚0.7万亩，小棚0.3万亩；年产设施蔬菜3万吨，设施水果5万吨，高档盆花600万盆。形成了以西昌、德昌、冕宁为主的“春提前”设施蔬菜生产基地，以西昌、冕宁为主的设施水果生产基地，以西昌、德昌为主的现代花卉产业园区，建立了完整的马铃薯脱毒苗到生产种繁育的良繁体系。

目前全州设施农业发展态势良好，并呈现出以下特点：①设施生产由单一迈向纷繁。凉山州设施农业发展起步于20世纪80年代初。在30多年的发展中，应用种类从单一播种育苗、简易覆盖生产，逐步向工厂化育苗、无病毒育苗，以及茄果类、瓜类、豆类蔬菜和水果、花卉、食用菌多类农产品保护地生产方向发展，常规栽培品种达到100种以上，大部分喜温性蔬菜、欧亚种葡萄及所有盆栽花卉均可在温室、大棚内种植，蔬菜集中育苗、食用菌立体栽培、马铃薯脱毒繁殖等先进生产技术得以应用，设施名优特蔬菜、瓜果、食用菌及高档花卉已成为凉山州农业和农村经济的支柱产业，成为农民增收的重要途径。②设施装备水平显著提升。发展设施农业之初，生产上多采用竹木结构的简易小棚，棚型低矮，抗风、抗压力、保暖性差。随着科技的发展、社会的进步，现已普及为全钢架、双拱棚及多连栋大棚，光、温、湿、气可控的高档温室也不鲜见，甚至电脑化智能控制温室也已引入正在建设之中，设施的装备水平大幅提升，生产条件大为改善，生产能力显著增强。最为可喜的是，德昌蔬菜藏业开发公司的金针菇生产已不受气候、季节限制，实现全天候生产。③质量安全水平不断提高。设施农业通过先进技术、装备、工艺的综合运用，实现了能源的减量化和资源的高效利用，节能、节地、节水、节肥、节药效果显著。设施生产是在与外界隔绝的情况下进行的，使得绿色防控更易实现，通过防虫网、粘黄板、杀虫灯、诱捕器的使用，使病虫害的发生危害率大幅降低，农药使用量和频率大幅减少，促进了农业发展方式从资源依赖型向创新驱动型和生态环保型转变。④组织化程度明显提高。近年来，在政府的扶持、引导下，实施统一规划，集中建设。花卉以园区为载体，促进企业集中生产和经营；蔬菜以村为单位，统一流转土地，统一田型调整，统一搭建大棚，建立专业合作组织，鼓励业主参与，规模发展经营。把分散的小生产力集聚起来，形成合力，增强了抗御市场风险的能力。

尽管凉山州设施农业发展取得了一定的成绩，但与发达地区相比仍然存在较大的差距，主要表现在以下几个方面：①设施水平仍不高。先期搭建的蔬菜大棚完全借用米易的单膜架式，保温抗寒性差，冬季连续出现低温和雨雪天气时，栽培的作物易出现冻害；中小棚多为简易竹木结构，抗风、抗压能力差；田间基础设施配套不完善，灌排能力不强，遇强降雨会给设施农业生产带来不小的损失。比如，2012 年洪涝灾害导致设施花卉损失 2000 多万元；目前设施农业发展的扶持政策力度不够，尤其是设施补助标准偏低，仅占设施建造成本的 10%。②科技含量还不高。一些先进的实用新技术没能有效地应用到设施生产中，新技术的普及应用率还不高。在一些新发展的设施蔬菜产区，农民掌握的科技知识不够，科技对设施生产的贡献率较低，带动力不强，使用的品种更新速度不快。在产品结构上，“小而全”的问题比较突出，一栋设施生产一个产品的现象比较普遍，专业化、规模化、集中度、知名度有待提高，这在一定程度上制约了设施农业规模的扩大。在劳动力投入上，多为妇女和年龄偏大人员，科技素质较低，掌握和应用科学技术的能力较差，导致生产水平不高。③品牌创建不够。凉山州设施蔬菜虽然注册了一批商标，如“广坪”“月乡益康”“春栖谷”等，但真正能叫得响、在全省乃至全国有影响力的知名品牌几乎没有。当前设施农业无公害基地认定和品牌申报，多由农业部门运作，多数没有真正进入市场，出现技术规程制定多、实际应用少的现象。④产业化机制不健全。龙头企业带动能力不强，主要是龙头企业数量少、规模小、档次低，明显滞后于农业生产基地的发展。农产品加工企业科技含量不高，产品档次和附加值较低，粗加工、原料型加工占加工企业的 80%以上。

产业化经营运行机制不健全，农户、基地、企业、市场、商贸衔接不紧，对接程度不高，产、销脱节，制约了凉山州设施农业的健康有序发展。今后，要充分发挥凉山州自然条件优越、种植基础好、生产设施类型多样、市场需求旺等有利条件，大力加快凉山州设施农业的发展。

结合凉山州实际，今后加快发展设施农业，首先要着力抓好以下八个方面的建设：①抓好基础设施建设。要统一抓好流转土地工作，统一进行规划，整合项目投入，集中进行土地整治，重点开展田形调整，沟、渠、路、电配套等基础设施建设工作；花卉产业园区统一进行“四通一平”建设。②抓好大棚温室建设。由政府按标准给予补贴，按照不同作物的需要，项目农户、业主自行或统一搭建。安宁河谷小高以下蔬菜设施采用单拱膜钢架大棚，小高以上采用双拱膜钢架大棚，高二半山海拔 2000 米以上区域采用日光温室蔬菜大棚；鲜切花采用单膜钢架拱棚或连栋式钢架拱棚，盆花生产和苗木繁育采用可控式钢架温室；设施葡萄采用简易钢架避雨棚。③抓好育苗中心建设。由政府给予补贴，专业公司承担项目，重点建设 10 个育苗中心及配套办公服务中心，扩大中心生产规模和提升技术水平，通过大基地覆盖带动小基地，实现凉山州设施农业生产统一化、规模化和标准化。④抓好检测体系建设。依托现有州农产品质量安全检测中心和各县农产品质量安全检测站，在重点区域以合作社或龙头企业为主体，设立检测点。计划在全州设施农业生产基地建设 20 个农产品质量安全检测点，配置各种农残速测仪器，培训检测人员，建立严格的产地检测准出制度。⑤抓好信息平台建设。依托凉山州农业信息网建成的新农网，要面向各个设施农业生产基地开展农产品价格信息服务，在主要农产品批发市场、农贸市场建立信息服务点，及时反馈各类信息，为设施农业发展搭建平台。⑥抓好农技体系建设。组织技术人员因地制宜研究设计温室的结构、工艺设备和配套设施，做到结构合理，经济适用。研究制定设施农业技术集成相关内容，包括设施蔬菜栽培技术示范推广、设施瓜果生产技术示范推广、设施食用菌栽培技术示范推广、设施花卉栽培技术示范推广、设施水肥管理主要技术示范推广、设施栽培无害化防治技术示范推广。同时，建立设施农业主要作物的标准化生产技术体系，制定实施办法，至项目结束时，示范基地农产品全部达到无公害标准。⑦抓好市场网络建设。在集中发展、规模较大的村组建立农民专业合作社，把分散的农户组织起来共同去闯市场。同时，加快西昌综合农产品批发市场建设，以此为中心，鼓励各主产地建立小型产地批发市场，形成基地联市场的网络，从根本上解决“卖难”问题，消除生产者的后顾之忧。⑧抓好标准体系建设。积极探索适宜凉山不同生态区域、覆盖设施蔬菜从生产到销售全过程的技术规范，包括育苗标准、建棚标准、技术规程、产品质量、加工冷藏等，形成完整的设施蔬菜标准化体系，提高“凉山产”设施蔬菜的质量和市场竞争力。

九、通过“四化”同步发展促进凉山州现代农业发展

促进凉山州工业化、信息化、城镇化、农业现代化“四化”同步发展，是推进凉山州现代化建设的一项重大任务。目前，凉山州“四化”发展并不同步，工业化发展较快，但总体水平和质量并不高；城镇化率刚过30%，明显低于全省全国平均水平；农业现代化也明显滞后，因为从凉山农业多方面的特征综合分析，凉山农业从总体上看还是比较典型的传统农业；在信息化与工业化的深度融合方面，在用信息技术全面改造提升传

统产业方面，凉山州也还处于初步发展阶段。大力促进“四化”同步发展，有利于促进凉山农业现代化的实现，因为工业化、城镇化的发展必将带动现代农业的发展，而信息化的发展则有利于农业科技创新，有利于改造提升传统农业。

十、发展现代农业与促进农业可持续发展相结合

在发展现代农业的过程中，必须重视农业资源的合理开发和环境保护，必须促进农业可持续发展。要实行严格的农业资源开发监管制度、投入品生产使用监管制度、环境污染损害赔偿与责任追究制度，用制度促进农业可持续发展。要鼓励和支持清洁生产技术的推广应用，大力推广高效肥料和低残留农药，开展农业面源污染防治。要加大测土配方施肥力度。要开展病虫害绿色防控和病死畜禽无害化处理，推进规模养殖场畜禽粪便资源化利用，推广高标准农膜和残膜回收。要发展节水农业、旱作农业、循环农业。要编制农业环境突出问题治理总体规划，明确治理目标任务、重点地区和保障措施。通过不断努力，实现农业资源永续利用的目标。

第五章 强化凉山州发展现代农业的保障措施

一、强化投入保障

（一）建立健全财政投入保障机制

着力构建财政对“三农”投入稳定增长的长效机制，确保总量持续增加、比例稳步提高。坚持把基础设施建设和社会事业发展的重点转向农村，确保财政支出优先支持农业农村发展，预算内固定资产投资优先投向农村基础设施和农村民生工程，土地出让收益优先用于农业土地开发和农村基础设施建设。各级财政每年对农业总投入的增长幅度都要高于其财政经常性收入的增长幅度。坚持按照财政支农投入的增量明显高于上年、国家固定资产投资用于农村的增量明显高于上年、政府土地出让收益用于农村建设的增量明显高于上年的要求，切实加大对“三农”的扶持力度。要大幅度提高政府土地出让收益和耕地占用税新增收入用于农业的比例。耕地占用税新增收入主要用于“三农”，重点加强农田水利、农业综合开发和农村基础设施建设。耕地占用税税率提高后新增收入全部用于农业。城市维护建设税新增部分主要用于乡村建设规划、农村基础设施建设和维护。严格按照有关规定计提和使用用于农业土地开发的土地出让收入，严格执行新增建设用地土地有偿使用费全部用于耕地开发和土地整理的规定。在国家扶贫开发工作重点县新安排的病险水库除险加固、生态建设等公益性强的基本建设项目，根据不同情况，逐步减少或取消县及县以下配套。

（二）加大财政对现代农业发展的支持力度

加大对农业农村基础设施建设和物质装备的财政投入，不断提高现代农业发展的设施基础和装备水平。继续加强对农业产业化经营的扶持，实施农业产业化项目银行贷款财政贴息政策。注重加强对多种形式的新型农民合作组织、农村经纪人、经营大户、家庭农场的财政扶持，加大对农产品收购、加工、运输、农用物资经营、品牌建设的资金支持投入力度。加大对农业科技创新的财政投入，全面提高现代农业发展的科技水平。加大对构建农民教育培训体系的财政投入，全面提高农业农村劳动者的素质与技能。

（三）深化财政体制改革，促进城乡基本公共服务均等化

要通过深化财政体制改革，调整国民收入分配格局，健全公共财政体系，持续增加公共财政对农村公共事业的投入，促进公共资源在城乡之间的均衡配置。要通过大力发展农村教育、卫生、文化等社会事业和建立健全农村社会保障体系，尽快实现城乡基本公共服务均等化目标。农村社会保障体系的建设，要高度重视新型农村合作医疗制度、新型农村社会养老保险制度和农村救助制度的发展和完善。

（四）充分发挥财政资金投入的导向作用

积极运用财政资金引导信贷资金和民间资本投向现代农业建设，形成以公共财政支农投入带动信贷投入、农民投入、工商资本投入、境外资本投入以及资本市场融资的多元化投入格局。

（五）改善农村金融服务，加大金融支农力度

一是要加大商业性金融支农力度，同时充分发挥政策性金融和合作性金融的支农作用；二是要创新金融产品和金融服务，优先满足农户信贷需求，加大对新型农业生产经营主体的信贷支持力度；三是要加强财税杠杆与金融政策的有效配合，促进涉农信贷投放增加；四是要深化农村信用社、农业银行、农业发展银行等金融机构的改革，促进涉农信贷投放增加；五是要通过发展多种形式的新型农村金融机构，促进涉农信贷投放增加；六是要加强涉农信贷与保险的协作配合，促进涉农信贷投放增加；七是要鼓励金融机构加大对现代农业发展的资金支持，逐年提高新增存款投放现代农业发展的比例；八是要大力支持符合条件的涉农企业充分利用多层次的资本市场筹集发展资金。此外，要制定实施多种鼓励支持政策，积极引导各种社会资本投向现代农业。

二、强化政策保障

（一）全面落实国家对农业的扶持政策

继续加大对农民的直接补贴力度，切实搞好粮食直补、良

种补贴、农机具购置补贴和农资综合补贴工作，要按照“增加总量、优化存量、用好增量、加强监管”的要求，不断增强农业补贴政策的实施效果。新增农业补贴要向主产区和优势产区集中，向专业大户、家庭农场、农民合作社等新型生产经营主体倾斜。要继续扩大农机具购置补贴规模，还要完善农资综合补贴动态调整机制。除切实落实农业补贴政策外，还要落实其他多种多样的农业扶持政策。比如，要贯彻执行粮食保护价收购政策和主要农产品临时收储政策；要健全主产区利益补偿机制，增加对产粮（油）大县和生猪调出大县的奖励资金；要继续给予农业防灾减灾稳产增产关键技术补助和土壤有机质提升补助；要启动低毒、低残留农药和高效缓释肥料使用补助试点工作；要实施粮食作物制种大县奖励政策；要增加农业综合开发财政资金投入；要将现代农业生产发展资金重点用于支持粮食及地方优势特色产业加快发展；要采取多种支持措施加快畜牧业、林业和渔业发展；要建立完善森林、草原、水土保持等生态补偿制度。

（二）落实提升农村金融服务水平的有关政策

支持农村金融改革，完善涉农贷款财税激励政策。深化农村信用社改革，稳定县（市）农村信用社法人地位。发展多元化农村金融机构，鼓励民间资本进入农村金融服务领域，同时要有序发展农村资金互助组织。政策性金融要强化为农服务职能，商业性金融要加大支农力度。探索建立多层次、多形式的农业信用担保体系。在继续发展农户小额信贷业务的同时，要加大对种养大户、农民专业合作社、家庭农场、县城小型微型企业、科技型农村企业和科技特派员下乡创业的信贷支持力度。继续扩大林权抵押贷款规模，完善林业贷款贴息政策，鼓励符合条件的涉农企业开展直接融资，积极发展涉农金融租赁业务，探索发展农业科技专利质押融资业务。重视政策性农业保险制度的实施，落实农业保险保费补贴政策，增加农业保险险种并扩大其覆盖面，加大农业保险保费补贴试点范围。健全农业再保险体系，推动建立财政支持的农业大灾风险转移分散机制。

（三）落实农村土地政策

要落实农村土地承包政策、农村土地流转政策、农村地籍调查政策、集体林权制度改革政策、牧区草原承包政策、国有林场和国有林区改革试点政策等。

（四）落实农村社会保障政策，逐步建立健全农村社会保障体系

继续提高新型农村合作医疗政府补助标准，积极推进异地结算；建立健全新型农村社会养老保险政策体系，建立科学合理的保障水平调整机制，研究与其他养老保险制度衔接整合的政策措施；加强农村最低生活保障的规范管理，条件成熟时应当制定相对统一的城乡最低生活保障标准；完善农村优抚制度，加快农村社会养老服务体系建设。从较长时期看，随着农村社保体系的日益建立健全，城乡社会保障水平差距会逐步缩小，城乡社会保障体系应当向一体化发展。

（五）进一步加大农村基础设施建设的政策支持力度

积极争取上级财政进一步加大对凉山州农村基础设施建设的支持力度，进一步增加对凉山州农田水利、农村能源、农村公路、农村通信设施、农村公共服务设施等基础设施建设的投入。

三、深化农村改革

必须不断深化农村改革，为农业农村发展提供体制机制保障。当前和今后一个时期，深化农村改革的主要任务如下：

（1）在巩固农村综合改革和集体林权制度改革成果的基础上，继续深化这两项改革。

（2）完善农村双层经营体制。在现有土地承包关系保持稳定并长久不变的前提下探索其具体实现形式。统一经营要向农户联合，形成多元化、多层次、多形式经营服务体系的方向转变；大力发展集体经济，增强集体组织服务功能，培育农民新型合作组织；发展各种农业社会化服务组织，鼓励龙头企业与农民建立紧密型利益联结机制，着力提高组织化程度；家庭经营要向采用先进科技和先进生产手段的方向转变，增加技术、资本等生产要素的投入，着力提高集约化水平。要稳定农村土地承包关系，承包土地流转必须坚持依法自愿有偿原则，在此前提下鼓励承包土地向专业大户、家庭农场、农民合作社流转；要通过转变农业生产经营方式提高农户集约经营水平；要大力发展多种形式的新型农民合作组织，并培育壮大龙头企业。要以培育新型农业经营主体为重点，积极构建新型农业经营体系。

（3）改革传统的农业服务体系，构建农业社会化服务新机制。

（4）改革农村集体产权制度，有效保障和实现农民财产权利。必须健全农村集体经济组织资金、资产、资源管理制度，依法保障农民的土地承包经营权、宅基地使用权、集体收益分配权。为此，需要通过改革建立起归属清晰、权能完整、流转顺畅、保护严格的农村集体产权制度。改革农村集体产权制度要求全面开展农村土地确权登记颁证工作，加快推进征地制度改革和加强农村集体“三资”管理。

（5）改进农村公共服务机制，积极推进城乡公共资源均衡配置。

（6）统筹推进农村其他重要改革。

深化农村改革，完善农村发展体制机制，最重要的是必须深入贯彻落实党的十八届三中全会精神。根据全会精神的要求，健全城乡发展一体化体制机制是全面深化改革进程中必须完成的一项重大任务。健全城乡发展一体化体制机制，包括加快构建新型农业经营体系、赋予农民更多财产权利、推进城乡要素平等交换和公共资源均衡配置、完善城镇化健康发展体制机制四大内容。由此可见，应当把深化农村改革放在全面深化城乡改革的大背景下加以推进，应当把完善农村发展体制机制与健全城乡发展一体化体制机制的要求和任务紧密结合起来。为此，有必要认识、理解和把握健全城乡发展一体化体制机制的四大重要内容。

第一大内容是加快构建新型农业经营体系。具体工作有：①推进家庭经营基础上农业经营主体的多样化发展。一方面要看到家庭经营最符合农业生产的根本特征，因而必须保留家庭经营的基础性地位；另一方面又要看到我国幅员辽阔、农村经济社会发展不平衡、工业化城镇化和农业现代化不断发展，这又使农业经营主体多样化发展具有了客观必要性和现实可能性。因此，未来除了传统农户、专业大户、家庭农场这些居于基础性地位的家庭经营形式会继续得到发展外，多种形式的农民合作组织经营、农业企业经营等非家庭经营形式也将广泛发展。②切实保障农户对承包土地的合法权利。创新农业经营形式、构建新型农业经营体系，需要实现土地等农业生产要素的流动和重组，为此就需要农民没有后顾之忧地流转土地承包经营权，而要做到这一点，前提条件是必须切实保障农户对承包土地的合法权利。很明显，这个前提条件同时也是加快构建新型农业经营体系的必要前提。那么，怎样才能切实保障农户对承包土地的合法权利呢？最重要的就是要坚持依法维护农民的土地承包经营权，在此基础上要理顺农村土地所有权、承包权、经营权三者之间的关系。而理顺三者关系的方向是坚持集体土地所有权、稳定农户土地承包权、放活土地经营权。③鼓励、支持发展多种形式的农户联合，尤其是要大力支持农民合作社的发展。农民合作社是带动农户进入市场的基本主体，是发展农村集体经济的新型实体，是创新农村社会管理的有效载体，其发展潜力巨大。为了加快农民合作社的发展，当前应当切实有效地贯彻落实“三个允许”政策，即“允许财政项目资金直接投向符合条件的合作社，允许财政补助形成的资产转交合作社持有和管护，允许合作社开展信用合作”。

第二大内容是赋予农民更多财产权利。目前，我国城乡居民所享有的财产权利还不完全平等。农民财产权利的不足，制约着农民财富的培育、积累和扩大，制约着农民财产进入社会的财产增值体系、信用体系、流动体系。因此，通过赋予农民更多财产权利，以实现农民平等的财产权和平等的现代化人格地位，有利于增加农民的财富，有利于尽快缩小城乡收入差距，有利于广大农民平等参与现代化进程、共同分享现代化成果。赋予农民更多财产权利的具体要求是：①要切实保障农民作为集体经济组织成员的财产权利。长期以来，农民虽然在法律上对农村集体资产拥有所有权，但这些权利在经济上却缺乏有效的实现形式。今后，应当积极发展农民股份合作，赋予农民对集体资产股份的占有权、收益权、有偿退出权以及抵押权、担保权、继承权，使农民集体所有权找到经济上的有效实现形式，就可以使农民依法获得集体资产股份的分红收益。②要充实农民土地承包经营权权能。我国农民的土地承包经营权已经包括占有、使用、收益、流转四个权能，但是权能并不完整。一个突出的问题是现有权能结构下农民的土地产权与金融市场并无联系，因此需要赋予其抵押权、担保权以充实完善土地承包经营权权能。未来，农民除了可以通过多种形式流转土地承包经营权，或以土地承包经营权入股以获取股权投资收益之外，还可以用土地承包经营权融资。③要鼓励土地承包经营权流转。目前，农村高度分散的以传统农户为基本主体的超小规模经营的农业经营总体格局尚未发生根本性改变，但是随着工业化、城镇化、农业现代化和市场化的不断发展，土地承包经营权流转和农业适度规模经营也将不断发展，而且通过鼓励承包经营权向专业大户、家庭农场、农民合作社、农业企业流转，将促进农业适度规模经营的多样化发展，这也有利于农民依法获得土地流转收益。④要切实保障农户宅基地用益物权并改革农村宅基地制度。在现行农村宅基地制度下，农村宅基地存在下列主要问题：超标准占用宅基地现象突出，导致耕地资源被大量挤占；宅基地闲置现象严重，造成土地资源大量浪费；宅基地使用权权能单一，限制了宅基地对农民的财产属性和功能。改革农村宅基地制度的基本方向是：加强宅基地管理，严格执行“一户一宅”和宅基地面积上限控制政策；加大宅基地复垦力度；对农村宅基地进行确权登记颁证；扩展宅基地使用权权能，通过试点积极稳妥推进农民住房财产权抵押、担保、转让。可以预期，随着农村宅基地制度的改革完善和农户宅基地用益物权的全面落实，部分农民将依法获得宅基地和房产的转让收益。⑤要建立完善农村集体经营性建设用地市场。在这方面最重要的是按照市场规则平等对待两种不同所有制的经营性建设用地，而要做到这一点的关键则是落实在符合规划和用途管制的前提下农村集体经营性建设用地与国有土地同等入市、同权同价。

⑥要改革征地制度。要按照缩小征地范围，规范征地程序，完善对被征地农民合理、规范、多元保障机制的总要求，改革征地制度，建立起国家、集体与个人合理分配土地增值收益的机制。这将有利于被征地农民个人收益的合理提高，有利于农民共同分享工业化、城镇化、现代化成果。

第三大内容是推进城乡要素平等交换和公共资源均衡配置。推进城乡要素平等交换和公共资源均衡配置应采取如下主要措施：①要切实维护农民生产要素权益，保障农民在要素交换上获得平等权益。为此，就必须改革完善城乡就业制度、劳动报酬制度、土地制度、金融制度等。②要健全农业支持保护体系，改革农业补贴制度，完善粮食主产区利益补偿机制。这既是推进城乡要素平等交换和公共资源均衡配置的需要，也是加快改变农业支持保护体系不健全、保护水平低这一现状的需要，还是实现国家粮食安全战略目标的需要。③形成长效激励机制，促进社会资本投向农村建设。④推进城乡基本公共服务均等化。城乡基本公共服务均等化是城乡要素平等交换和公共资源均衡配置的重要内容。实现城乡基本公共服务均等化，不仅是城乡发展一体化的重要内容，也是持续深入推进城乡发展一体化的重要条件。推进城乡基本公共服务均等化的着力点应放在城乡社会事业、城乡社会保障、城乡基础设施建设等方面。

第四大内容是完善城镇化健康发展体制机制。目前，我国城镇化正处于快速发展时期，2013 年城镇化率已达到 53.73%，城镇化对经济社会发展的促进作用也有所增强。但是，从总体上看，城镇化的质量和水平并不高，城镇化发展的内生动力也明显不足，因而带来了一些突出的矛盾和问题。比如，土地城镇化快于人口城镇化，2000—2010 年我国城市建成区面积扩张了 78.5%，但是包括农民工在内的城镇人口只增加了 45.9%。又比如，人口的“半城镇化”问题突出，2013 年我国统计的城镇人口已有7.3亿人，但是其中有1.66亿人属于跨乡镇外出打工的农民工。这1.66亿人在城市既没有城市户口，又没有稳定住房，也没有和城市居民一样的社会保障。再比如，我国城镇的布局、形态和结构不合理，资源要素过度集中于大城市和特大城市，城市建设过于注重规模扩张和外部形象，人口和产业聚集能力、城市承载能力未得到相应提高。要解决我国城镇化过程中存在的矛盾和问题，出路在于坚定不移地推进新型城镇化。而要推进新型城镇化，就必须完善城镇化健康发展体制机制，这也是健全城乡发展一体化体制机制的重要内容。那么，应当怎样完善城镇化健康发展体制机制呢？最重要、最关键的就是必须围绕“以人为核心的新型城镇化”这个根本目标去完善。为此，就需要改革与城镇化相关的制度、体制和机制，推进农业转移人口市民化，推进城市建设管理创新，推进大中小城市和小城镇协调发展以及产业和城镇融和发展，推进城镇化和新农村建设协调发展。总而言之，凉山州在深化农村改革、完善农村发展体制机制的进程中，在全面深化城乡联动改革、健全城乡发展一体化体制机制的进程中，应当全面深入贯彻落实上述有关政策，确保农村改革取得实效。

四、强化环境保障

（一）推动城乡区域协调发展

按照统筹城乡发展的要求，创新体制机制，形成以工促农、以城带乡、工农互惠、城乡一体的发展新格局。同时，要通过统筹城乡发展促进凉山州工业化、信息化、城镇化、农业现代化同步发展，促进凉山州内各区域协调发展，从而建立起凉山州城乡区域协调发展新格局。

（二）优化投资环境

要切实转变政府职能，加强政府对农业产业化龙头企业、农民合作社、农民经纪人、“一村一品”发展、农村市场建设等方面的服务，在土地、税收、金融、水电、道路、燃料等方面予以支持，简化办事程序，提供一站式服务。要切实减轻涉农企业负担，大力支持涉农企业进行技术改造和技术创新，推动涉农企业加快发展。要全面加强农村基础设施建设，全面加快农村服务业发展。

（三）营造良好的舆论环境

要加大宣传力度，提高宣传效果，营造支持“三农”发展的良好舆论环境，引导社会各行各业关心“三农”、了解“三农”、重视“三农”，并大力支持“三农”发展。

（四）确保农村社会稳定

要加强农村社会治安综合治理，积极推进农村社会治安防控体系建设，广泛开展创建平安乡村活动，确保农村社会稳定。

五、切实加强组织领导，为凉山州发展现代农业提供保障

发展现代农业是凉山州现代化进程中的一项重大任务，只有加强组织领导，才能确保这一重大任务的顺利完成。州、县（市）、乡（镇）各级党委和政府是凉山州发展现代

农业的直接决策者、指挥者和组织者，要建立党政有关领导分级负责的工作机制，切实加强对与发展现代农业相关的一系列工作的领导。

主要参考文献

1. 朱明德. 现代农业［M］. 重庆：重庆大学出版社，2011.

2. 张广胜，吕新业. 技术创新与现代农业发展［M］. 北京：中国农业出版社，2010.

3. 西奥多·W. 舒尔茨. 改造传统农业［M］. 梁小民，译. 北京：商务印书馆，2006.

4. “十一五”以来的《凉山州统计年鉴》

5. 《凉山州“十二五”农业发展规划》

6. 《凉山州“十二五”畜牧业发展规划》

7. 《凉山州“十二五”林业发展规划》

8. 《凉山州特色优势现代农业发展规划》

9. 《凉山州新农村建设规划》

10. 《凉山州农村扶贫开发规划》

11. 《大小凉山综合扶贫开发规划》

12. 《安宁河谷地区跨越式发展规划》

后　记

发展现代农业，对于提高农业资源利用效率，调整优化产业结构，加快转变经济发展方式，深入推进新农村建设，促进工业化、信息化、城镇化、农业现代化同步发展，促进城乡发展一体化，解决“三农”问题，都具有重要作用。发展现代农业，实现农业现代化，是我国现代化建设的重要内容。本书应用现代农业理论，结合凉山州经济社会发展实际，对凉山州发展现代农业的相关问题进行了认真探索、分析，希望本书的出版能对相关部门和人员认识、了解凉山州农业和加快发展凉山现代农业有所帮助。

本书由谢以纲任主编，负责设计全书体系、拟订编写提纲，并进行统稿和定稿。本书的编写分工如下：代诗韵、陈星仪、马尚萍、石一阿支、郭勋五位同志承担了第一章、第二章、第三章的编写任务，谢以纲承担了第四章、第五章的编写任务。

本书是在四川省委党校重大研究课题（市州委托项目）“凉山州发展现代农业的路径研究”基础上经过改编扩充形成的。谢以纲是该课题的负责人，其他编写者是课题组成员。

为了编写本书，我们到凉山州各有关部门进行调研并搜集资料，得到这些部门的大力支持和协助。在编写本书的过程中，我们参考了凉山州与农业农村发展相关的规划资料和统计资料。在本书即将出版之际，我们向关心和支持本书编写和出版的有关部门、单位和个人深表谢意！

由于水平所限，书中错漏难免，恳请读者、专家指正。

作者

2014年6月